A Proteção Jurídica
das Criações de Moda

A Proteção Jurídica das Criações de Moda

ENTRE O DIREITO DE AUTOR E O DESENHO OU MODELO

2019

Tiago de Oliveira

A PROTEÇÃO JURÍDICA DAS CRIAÇÕES DE MODA
AUTOR
Tiago de Oliveira
EDITOR
EDIÇÕES ALMEDINA, S.A.
Rua Fernandes Tomás, nºs 76, 78 e 80
3000-167 Coimbra
Tel.: 239 851 904 · Fax: 239 851 901
www.almedina.net · editora@almedina.net
DESIGN DE CAPA
FBA.
PRÉ-IMPRESSÃO
EDIÇÕES ALMEDINA, S.A.
IMPRESSÃO E ACABAMENTO

Maio, 2019
DEPÓSITO LEGAL
....

Os dados e as opiniões inseridos na presente publicação são da exclusiva responsabilidade do(s) seu(s) autor(es).
Toda a reprodução desta obra, por fotocópia ou outro qualquer processo, sem prévia autorização escrita do Editor, é ilícita e passível de procedimento judicial contra o infrator.

 GRUPOALMEDINA

Biblioteca Nacional de Portugal – Catalogação na Publicação

OLIVEIRA, Tiago de

A proteção jurídica das criações de
moda. - (Ideias jurídicas)
ISBN 978-972-40-7874-8

CDU   347

Para a Maria Isabel e para a Ana Sofia.

MODO DE CITAR E OUTROS ESCLARECIMENTOS

1. Os títulos dos livros (monografias e obras coletivas) aparecem em itálico.
2. Os títulos dos textos integrados em revistas e em obras coletivas aparecem entre aspas, em carateres normais.
3. Os nomes das revistas (com título completo ou abreviado) aparecem em itálico.
4. As obras citadas são, em regra, referidas pelo apelido, seguido do nome próprio do autor e respetivo título – todos os demais elementos poderão ser consultados na bibliografia geral.
5. A citação das obras é seguida dos números indicativos do volume e das páginas para que se remete.
6. Após a primeira citação, referir-nos-emos ao autor apenas usando o seu apelido.
7. As disposições legais serão mencionadas da seguinte forma: artigo/nº/alínea, seguido do diploma em causa.

8. Salvo referência em contrário, todos os sites foram consultados a 04.03.2018.
9. A jurisprudência portuguesa é citada através da identificação do Tribunal e da data. No fim da presente obra, pode ser consultada uma lista onde se faz referência ao número do processo e ao nome do Relator. Na falta de indicação contrária, a mesma poderá ser consultada em www.dgsi.pt.
10. A jurisprudência dos tribunais europeus é citada através da identificação do Tribunal e do número de processo. Na falta de indicação contrária, a mesma poderá ser consultada em http://curia.europa.eu.
11. A jurisprudência dos tribunais estrangeiros **é citada através** da identificação do Tribunal e, sempre que possível, da data da decisão. No fim da presente dissertação, e sempre que possível, será disponibilizada a restante informação e o site onde as mesmas poderão ser consultadas.
12. Na presente obra, utilizou-se o Novo Acordo Ortográfico e, por uma questão de coerência linguística, todas as citações foram consentaneamente atualizadas.

ÍNDICE

Siglas e abreviaturas 11

Introdução 15

CAPÍTULO I
A Indústria da Moda sob uma Perspetiva Jurídica. 21

    1.1. Moda e Arte 21
    1.2. O funcionamento e o modelo piramidal 25
    1.3. A cópia-contrafação e a cópia-inspiração 31
    1.4. O processo criativo 35

CAPÍTULO II
A Proteção do Direito de Autor 39

    2.1. O objeto do Direito de Autor 40
    2.2. O elenco não taxativo e as obras de arte aplicadas . 43
    2.3. As criações de moda 44
    2.4. Os requisitos de proteção: da originalidade 47
    2.5. Os ensinamentos da jurisprudência francesa 58
    2.6. Esboços e Rascunhos: a proteção autoral
        das várias fases do processo criativo? 61

CAPÍTULO III
A Proteção do Desenho ou Modelo 69

    3.1. Os Desenhos ou Modelos Comunitários 71
    3.2. O objeto do Desenho ou Modelo 73
    3.3. Os requisitos de proteção 76
    3.4. A divulgação ao público 84
    3.5. Os direitos conferidos 88

Conclusão 93

Bibliografia 99

Lista de Jurisprudência 105
    Nacional 105
    Estrangeira 106

SIGLAS E ABREVIATURAS

VÁRIA

Ac.	Acórdão
Art.	Artigo
CDADC	Código do Direito de Autor e dos Direitos Conexos
CPI	Código da Propriedade Industrial
CE	Comissão Europeia
CA	Cour d'Appeal
Cit.	Citada
Convenção de Berna	Convenção de Berna para a Proteção das Obras Literárias e Artísticas de 9 de setembro de 1866
Cfr.	Conforme
DA	Direito de autor
Diretiva 98/71/CE	Diretiva n.º 98/71 do Parlamento Europeu e do Conselho, de 13.10.98 relativa à proteção legal de Desenhos e Modelos.
DM	Desenho ou Modelo
DMC	Desenho ou Modelo Comunitário
EM	Estados Membros da União Europeia
EUA	Estados Unidos da América
EUIPO	Instituto da Propriedade Intelectual da União Europeia

I.e.	Id est
Nº	Número
Ob.	Obra
P.	Página
P.e.	Por exemplo
Pp.	Páginas
Proc.	Processo
RDM	Regulamento (CE) n.º 6/2002 do Conselho, de 12 de dezembro de 2001, relativo aos desenhos ou modelos comunitários
TJUE	Tribunal de Justiça da União Europeia
TGI	Tribunal de Grande Instance
TGUE	Tribunal Geral da União Europeia
TRC	Tribunal da Relação de Coimbra
TRE	Tribunal da Relação de Évora
TRG	Tribunal da Relação de Guimarães
TRL	Tribunal da Relação de Lisboa
TRIPS	Trade Related Intellectual Property Rights
TRP	Tribunal da Relação do Porto
STJ	Supremo Tribunal de Justiça
Ss.	Seguintes
UE	União Europeia
V.	*Vide*
Vol.	Volume
Vs.	Versus

REVISTAS

AIPLA Q.J.	American Intellectual Property Law Association Quarterly Journal
ABLJ	American Business Law Journal
Balt. IPLJ	Baltimore Intellectual Property Law Journal

Cath. UJL & Tech.	Catholic University Journal of Law and Technology
CDP	Cadernos de Direito Privado
Cardoso Int'L & Comp. L	Cardozo Journal of International and Comparative Law
CJEL	Columbia Journal of European Law
Conn.LR.	Connecticut Law Review
CPI	Les Cahiers de Propriété Intellectuelle
EIPR	European Intellectual Property Review
Fordham IPLJ	Fordham Intellectual Property, Media and Entertainment Law Journal
IJGLS	Indiana Journal of Global Legal Studies
J. Marshall RIPL	John Marshall Review of Intellectual Property Law
JIPR	Journal of Intellectual Property Rights
JIBL	Journal of International Business and Law
J. Pat. & Trademark Off. Soc'y	Journal of the Patent and Trademark Office Society
MULR	Monash University Law Review
N.C. J.L. & Tech.	North Carolina Journal of Law & Technology
NYU JIPEL	New York University Journal of Intellectual Property & Entertainment Law
RDInt.	Revista de Direito Intelectual
Stanf. L Rev.	Stanford Law Review
TMR	Trademark Reporter

UCL JR	University College London Jurisprudence Review
Va. L. Rev.	Virginia Law Review

INTRODUÇÃO

A indústria da Moda, uma das mais importantes indústrias criativas do Mundo e parte intrínseca do nosso quotidiano[1], produz uma grande variedade e quantidade de bens, superando *inclusive* a indústria cinematográfica, livreira, discográfica e das inovações científicas.[2] Em comum com estas indústrias tem o facto de a sua rentabilidade depender da constante produção de elementos criativos, principal e nomeadamente, do *design* do vestuário, sapatos, malas e acessórios e joalharia ("as peças" ou "as criações").

Na base do funcionamento desta indústria estão a inovação, a criatividade, e a imaginação, pelo que

---

[1] *"Everyone inevitably expresses themselves through the clothes they wear (even if to communicate that they are too serious to care about fashion)" in* HEMPHILL, Scott, SUK, Jeannie, "The Law, Culture and Economics of Fashion", p. 1161.

[2] *In* RAUSTIALA, Kal, SPRIGMAN, Christopher, "The Piracy Paradox: Innovation and Intellectual Property in Fashion Design", p. 1689.

a concorrência entre as empresas (as *Maison*) e os *designers* de moda/estilistas depende essencialmente da aposta nestes fatores.[3] E se é certo que em todas as indústrias criativas há uma inegável tensão e ligação entre as características individuais e a relação dessa criação com outras – presentes e passadas – tal é particularmente agravado na indústria da Moda, dadas as suas especificidades e modo de funcionamento.

Porém, definir o termo "Moda" não é fácil. É uma realidade polissémica e de contornos vagos, que assenta primordialmente em tendências (que podem durar algumas semanas ou prolongar-se por vários anos)[4], ao ponto de alguns autores considerarem que Moda é versão de um fenómeno omnipresente em que, de forma cíclica, o velho se transforma em novo e em que a própria inovação faz parte da dinâmica desta indústria.[5]

Não obstante esta dificuldade, o certo é que Moda é um fenómeno sociológico, psicológico,

---

[3] "*The fashion industry is driven by fast innovative ideas that are embodied in the creation of fashion designs*", in PANIDOU, Sofia, *The Protection of Fashion Design Under Intellectual Property Law*, p. 8. Já nas palavras de MANFRENDI, "*a originalidade da peça consiste na vantagem competitiva do mercado*", in MANFRENDI, Alexandra, "Haute Copyright: Tailoring Protection to High Profile Fashion Designs", p. 115.

[4] "*Fashion is all about change*", in DAHLÉN, Marianne "Copy or copyright fashion? Swedish design protection law in historical and comparative perspective", p. 90.

[5] *In* HEMPHILL e SUK, ob. cit., p. 1151.

histórico, económico, antropológico, cultural, artístico, e – não menos importante – jurídico.

Com efeito, e face ao peso e importância que assume e aos desafios económico-sociais que enfrenta, não é surpresa que esta indústria seja cada vez mais um assunto debatido no mundo jurídico, especialmente quando os prejuízos que advém do mercado da contrafação e das cópias/imitações são cada vez maiores. Nesta sede, os *designers* têm procurado ferramentas jurídicas que impeçam outros de explorarem economicamente aquilo que é a sua maior vantagem competitiva: a unicidade do *design* das suas criações.

A questão da proteção jurídica das criações de moda encontra-se, como veremos, intimamente relacionada com o direito de autor e os direitos de propriedade industrial, que se ocupam, nomeadamente, do equilíbrio entre o incentivo de criar novas peças e a promoção das obras já existentes.

É com este enquadramento que pretendemos analisar a forma como as criações de moda (*maxime* a aparência de tais produtos e a sua função/componente estética) podem ser tuteladas através de dois institutos jurídicos: o direito de autor e o desenho ou modelo, enquanto direitos que *"visam garantir uma certa exclusividade sobre determinada criação exteriorizada derivada do espirito humano"*.[6]

---

[6] JABUR, Wilson, SANTOS, Manoel, "Interface entre Propriedade Industrial e Direito de Autor", p. 215.

Para tal, revela-se fulcral a compreensão do mercado *fashion*, nomeadamente dos vários segmentos que o compõem e da forma como os artigos *fashion* são criados e reproduzidos na sociedade.

Assim, no primeiro capítulo pretendemos destacar alguns aspetos relativos à indústria da Moda, dotando o leitor dos conhecimentos necessários que permitam apreender conceitos e especificidades que se revelarão uma mais valia ao longo da obra.

No segundo capítulo, trataremos da disciplina do direito de autor, enquanto direito de exclusivo que limita a liberdade de exploração dessa obra por outros que não o seu autor, e que permite a reação contra certo tipo de comportamentos por parte de terceiros. Assim, pretendemos averiguar se as criações de moda merecem tutela autoral e que fases do processo criativo do estilista – desde a ideia à conceção final da peça em questão – podem estar abrangidas por tal tutela.

No terceiro capítulo, analisaremos a disciplina do desenho ou modelo, e justificado o predominante enfoque no regime jurídico da UE, pretendemos apresentar as principais características do mesmo, expor as especificidades dos desenhos ou modelos comunitários, densificar os requisitos de proteção e as dificuldades práticas sentidas aquando da aplicação às criações de moda.

No fim, apresentaremos as nossas conclusões, averiguando se é necessária a criação de um regime especial que tutele estas criações do espírito humano ou se, contrariamente, os regimes já existentes (*quiçá* conjugados) permitem atender às necessidades e particularidades dos estilistas.

Apenas mais uma nota: por estarmos conscientes de que aquilo a que nos propomos é algo ambicioso – e sem prejuízo de outras indicações – importa delimitar negativamente o objeto do presente artigo. Assim, advertimos o leitor de que não pretendemos abordar as diferentes teorias relacionadas com a análise económica da proteção das criações de moda, nem as relacionadas com a tutela cumulativa do DA e do DM.

PALAVRAS-CHAVE: Moda; criações de moda; proteção intelectual; direito de autor; proteção industrial; desenho ou modelo.

CAPÍTULO I
A Indústria da Moda
sob uma Perspetiva Jurídica

1.1. Moda e Arte

Na presente secção pretendemos analisar se a Moda pode ser considerada *Arte*[7], que integra o elenco das chamadas "belas-artes" /artes puras (*fine art*), figurando ao lado do Cinema, da Literatura, da Pintura ou da Escultura. A questão não é pacífica, desde logo porque a forma como a indústria da Moda é perspetivada difere particular e substancial-

---

[7] "Arte" é um conceito polissémico e de difícil definição. De acordo com Eletrra Bietti *"modern and postmodern artists have proved with skill that art has no universally valid characteristics (...). The word 'art' is like other words in language; its meaning changes as new things are recognized under its label"*, *in* "Defining Art for Copyright: Against Museum without Walls", p. 150. Não é nosso intuito alongarmo-nos sobre este conceito, não obstante certas considerações feitas aqui e acolá.

mente de pessoa para pessoa (não fosse a subjetividade um dos pilares do meio artístico!), e – sendo algo que terá implicações, nomeadamente, aquando da análise da tutela autoral – cumpre-nos tecer algumas considerações a este respeito.

Por um lado, há quem considere que estamos perante uma indústria meramente ou predominantemente utilitária, que não integra o elenco das *fine art*.[8] Afirma-se, nomeadamente, que a Moda não tem qualquer significado ou propósito para lá do funcional – existe para vestir o Ser Humano de uma forma atrativa e, por vezes, sexual.[9]

É também inegável constatar que há algum preconceito da sociedade em relação à Moda. Tende a associar-se esta indústria a mera futilidade e ociosidade, o que também releva para a secundarização do papel, da importância e da caracterização enquanto "verdadeira" indústria criativa.[10]

---

[8] *"The fashion industry is comprised of short product life cycles, erratic consumer demands, an abundance of product variation and complex supply chain. As a result, fashion lacks the prestige of being deemed a 'fine art'"*, in LAMPASONA, Jacqueline, "Discrimination Against Fashion Design in Copyright", p. 273.

[9] *In* ANDREWS, Katelyn, "The most fascinating kind of Art: Fashion Design protecting as a moral right", pp. 217-218. A referida Autora, que começa por referir ainda outros argumentos utilizados para negar o carácter artístico da Moda, acaba por os refutar e desconstruir.

[10] Para Anna Wintour *"(...) people are frightened of fashion and that because it scares them or it makes them feel insecure. Just because you like to put on a beautiful Carolina Herrera dress (...) it doesn't mean that you're a dumb person."* – disponível em http://www.imdb.com/title/tt1331025/quotes.

Por outro lado, há quem defenda o "verdadeiro" carácter artístico desta indústria[11] e reconheça os *designers* de moda como "verdadeiros" artistas – posição esta que perfilhamos por variadas razões.

Em primeiro lugar, diga-se que o facto de também desempenharem uma função utilitária não preclude necessariamente o carácter artístico das criações provenientes desta indústria.[12] Aliás, e tal como afirmado por SHIRWAIKA[13]: *"apparel and garments have gone beyond performing mere social and cultural function to an expression of art and aesthetics. Clothes today are more artistic than functional in character and distinction. The artistic or creative component is what differentiates the past from the current in fashion."*

Em segundo lugar, retenha-se que alguns dos museus mais conceituados do mundo, como o Metropolitan Museum of Art, o Albert Museum e o Musée des Arts Decoratifs organizam frequentemente exposições cujo objeto são as criações de moda, elevando os *designers* ao patamar de "artista" e as suas criações ao patamar de "arte" ao lado das pinturas e das esculturas.[14]

---

[11] *"Qualquer pessoa que diga que a moda não pode ser arte, por certo não viu peças de alta-costura de Alexander McQueen ou de Marchesa"*, in ROCHA, Maria, "Pirataria na Lei da Moda: um Paradoxo?", p. 264.

[12] *In* MONSEAU, Susanna, "European Design Rights: A Model for the Protection of All Designers from Piracy", p. 33.

[13] *In* SHIRWAIKA, Pranjal, "Fashion Copying and Design of the Law", p. 116.

[14] Estando cientes de que colocar um objeto num museu não o torna, irrefutavelmente, em Arte, sempre se diga, na esteira de ANDREWS,

E o mesmo se diga em relação aos desfiles de moda, que passaram de um evento privado, a um completo evento público, altamente conceptualizado e coreografado de forma a refletir e criar uma coerência no tema de cada coleção.

Em terceiro lugar, recorde-se que os *designers* de moda contribuíram significativamente para as teorias e movimentos artísticos (principalmente minimalismo e pós-modernismo) dos anos 60 do século XIX.[15] Ao lado dos pintores e escultores, alguns *designers* começaram a revoltar-se com os limites/ constrangimentos ditados pela silhueta humana, sendo exemplo disso o *sack-dress* da Ginvenchy.

E mais: não raras vezes assiste-se a colaborações entre *designers* de moda e outros artistas, como entre a de Stephen Sprouse ou Takashi Murakami e a *Maison* Louis Vuitton.[16]

Em quarto lugar, também a Moda toca e move pessoas, apela à sua sensibilidade, havendo *inclusive* quem reconheça que há criações de moda que simbolizam vários traços da personalidade de quem cria e de quem veste.[17]

---

que todo o contexto em redor de uma exposição de um museu convida a uma abordagem mais séria e contemplativa da Moda (não oferecida pelas lojas de retalho), demonstrando o interesse histórico e cultural da Moda, *in* ob. cit., p. 214.

[15] *Id* p. 212.

[16] https://www.spottedfashion.com/2013/10/09/art-and-fashion-the-many-collaborations-for-louis-vuitton-by-marc-jacobs/.

[17] Narciso Rodríguez afirma que o seu ADN está presente nas roupas que desenha, *in* http://www.counterfeitchic.com/Images/Narciso_

Por último, não se olvide que a Moda, tal como a Literatura, não só aproxima as diferentes culturas, como retrata a realidade social.[18]

Nestes termos, parece-nos evidente que não há razões para não considerar a Moda como uma forma de Arte tão nobre e tão digna como as restantes, reconhecendo os estilistas como artistas no mesmo patamar que os pintores, escultores ou escritores. Diferente é saber até que ponto as criações de moda, individualmente consideradas, podem ser protegidas ao abrigo da tutela autoral e industrial.

Antes de sobre tal indagarmos, há, porém, que fazer referência ao modelo piramidal que reflete a estrutura, funcionamento e especificidades desta indústria.

1.2. O funcionamento e o modelo piramidal

A indústria da Moda é caracterizada por uma estrutura complexa, tradicionalmente associada a uma pirâmide que segmenta os produtos em vários setores diferentes.

Rodriguez_testimony_2-14-08.pdf e v. GILES, Ann, "Trade Dress: An Unsuitable Fit for Product Design in the Fashion Industry", p. 227.

[18] Retratado no documentário "The 1st of May". Para MANFREDI, *"fashion designs are a unique form of artistic expression because they communicate social significance" in* ob. cit., p. 112.

No topo da pirâmide, encontramos os produtos de Alta-Costura *(Haute Couture/High End)*[19], caracterizados por serem exclusivos, bastante dispendiosos e por envolverem um grau elevado de técnica de costura e/ou trabalho intensivo, bem como níveis máximos de criatividade e de inspiração. Quando comparado com as camadas imediatamente abaixo da pirâmide, constata-se que são produzidas peças em número inferior, que o valor moral e económico destas peças é intrinsecamente elevado[20] e que tem como alvo específico um pequeno grupo de pessoas (p. e., celebridades nos eventos *Red Carpet*). É neste setor que encontramos as linhas de maior mudança sazonal e de *design* mais sofisticado.[21]

---

[19] Para ser aposto num produto a designação de "alta-costura", a Câmara de Comércio de Paris verifica o preenchimento dos requisitos exigidos, que podem ser consultados em http://www.dressful.com/583/what-is-the-definition-of-haute-couture. A lista das empresas que integram este núcleo encontra-se em https://fhcm.paris/en/members/.

[20] *In* MANFREDI, ob. cit., p. 117. De acordo com MYERS, Erika, o principal valor de muitos artigos de luxo está na marca ou no *design*, e não tanto nos materiais ou técnicas de execução, *in* "Justice in Fashion: Cheap Chic and the Intellectual Property Equilibrium in the United Kingdom and the United States", p. 56.

[21] *In* DAHLÉN, ob. cit., p. 93. Seguindo CARDOSO, Gisele, "*as marcas mais famosas do mundo ganharam esse status pelo motivo de normalmente criarem produtos que viram desejo entre clientes e admiradores de moda e inovação*", in *Direito da Moda sob a Perspetiva da Propriedade Industrial: análise do produto "inspired" perante o direito*, p. 30.

Na camada imediatamente abaixo, estão os produtos *prêt-à-porter/exclusive ready to wear* caracterizados por um alto nível de criatividade e preços elevados, mas passíveis de serem usados em várias ocasiões, abragendo um público-alvo mais alargado.

Nestas camadas mais altas, o processo criativo – desde a exteriorização da ideia até a criação sair do *atelier* de costura – pode demorar até 24 meses. E desde a sua apresentação ao público até o produto chegar às lojas de retalho pode demorar mais 4 meses. Se a isto juntarmos o facto de esta indústria ser marcadamente sazonal, em que cada estação dura entre 3 a 6 meses, concluímos que este processo pode custar milhões de euros e exige constante inovação por parte dos *designers*.[22]

Abaixo, encontram-se os produtos *difussion*, sendo normalmente coleções apresentadas por *designers* associados às camadas superiores (coleção *Marc* by Marc Jacob ou *Versus* for Versace), com preços mais acessíveis, atraindo um maior número de consumidores.[23]

Um outro segmento é o *bridge*, que faz a ligação entre o topo e a base da pirâmide. Os preços são ligeiramente mais altos do que na camada *fast fashion*

---

[22] V. FERRILL, Elizabeth, TANHEHCO, Tine, "Protecting the Material World: The Role of Design Patents in The Fashion Industry", p. 264.
[23] *"The role of the designer is still important, but the production is outsourced, in wider volumes, while the country of origin is not a key for the success. It is a mixture of retail and wholesale distribution"*, in PANIDOU, ob. cit., p. 3.

e recorre-se a produção no estrangeiro com elevado grau de industrialização.

Mais abaixo, temos as cadeias *fast fashion*, caracterizadas essencialmente por oferecerem peças de roupa modernas, que incorporam as últimas tendências a preços acessíveis, e pela produção e distribuição em tempo *record*.[24] SUK agrupou os retalhistas *fast-fashion* em dois grupos: (i) aqueles que copiam [cópia-contrafação/*knock-off*] e (ii) aqueles que se inspiram em outros produtos [cópia-inspiração/*borrowing*].[25]

Ambos recorrem às novas tecnologias e a mão-de-obra estrangeira para fabricar os *designs* apresentados nas camadas superiores da pirâmide e para os reproduzirem em massa. Para atingir preços mais competitivos, estas *Maison*/estilistas optam por usar materiais mais baratos, por remover detalhes no forro e nos acabamentos e por levar a cabo processos de produção mais económicos.

Certo é que a aparência estética e os elementos artísticos do *design* do produto copiado/inspirado mantêm-se, largamente, iguais ao original[26], ao ponto de os artigos das tão conhecidas Zara, H&M, TopShop, Forever21 serem frequentemente sugeridas, pelas revistas de moda, como alternativas acessíveis aos artigos do topo da cadeia.

---

[24] V. MANFRENDI, ob. cit., p. 118.
[25] https://judiciary.house.gov/wp-content/uploads/2011/07/Suk07152011.pdf.
[26] V. MANFRENDI, ob. cit., p. 119.

Finalmente, na base da pirâmide, encontram-se linhas de peças caracterizadas por elementos predominantemente básicos e cómodos, associadas a empresas como a Old Navy, WalMart, Tesko.

Por conseguinte, podemos afirmar serem essencialmente três as diferenças entre cada um dos segmentos da pirâmide: o preço, a qualidade e o nível de criatividade[27] e à medida que nos aproximamos do topo há uma elevação/complexificação dos mesmos.

O entendimento tradicional é o de que esta indústria se movimenta do topo para a base: o topo da pirâmide cria uma coleção/peça distintiva e as camadas da base reproduzem as características distintivas de tal criação.[28] A isto acresce o facto de as novas tecnologias potenciarem e acelerarem todo este processo e a dinâmica de inovação.

De facto, não raras vezes, os *designers* que se posicionam no topo da pirâmide apresentam, pela

---

[27] V. RAUSTIALA e SPRIGMAN, ob. cit., p. 1694.
[28] Porém, há que proceder a uma leitura dinâmica desta realidade. Por um lado, tornou-se evidente que este fenómeno de cópia das peças ocorre entre todas estas camadas da pirâmide, e não apenas de baixo para cima, e que também os *designers* independentes são copiados. Por outro lado, quando há colaboração entre uma *Maison* maioritariamente associada ao topo da pirâmide e outra associada às camadas intermédias da pirâmide (por exemplo: a colaboração Balmain e H&M) torna-se complicado incluir tal realidade na pirâmide. Já de acordo com MONSEAU *"street fashion sometimes precedes high fashion, and fashion designers of all levels sometimes take inspiration too closely from others" in* ob. cit., p. 36.

primeira vez, a sua coleção num desfile de moda. Em poucos minutos, imagens dos vários ângulos, detalhes e acessórios das várias peças estão disponíveis *online*. A partir destas imagens digitais e através de programas de computador, as empresas *fast-fashion* conseguem reproduzir o *design* e enviar especificações de fabrico e conceção para a China ou Índia, onde a mão-de-obra é barata e rápida.

Este processo faz com que os produtos *fast-fashion* estejam disponíveis ao público, em média, 4 a 6 semanas após o original ter sido apresentado na passerelle, havendo, assim, fortes probabilidades de tais cópias chegarem ao consumidor antes da peça original.[29]

Ora, torna-se também evidente que este processo faz com que não seja necessário que certos retalhistas *fast fashion* invistam no processo criativo, diminuindo os custos de investigação e de desenvolvimento, o que se traduz, naturalmente, em mais uma vantagem competitiva para os mesmos.

Antes de analisarmos com maior detalhe o processo criativo, cumpre-nos aprofundar o estudo dos conceitos cópia-contrafação e cópia-inspiração, tentando, tanto quanto possível, demarcar as suas fronteiras e limites e distinguindo-os do fenómeno estrito da contrafação.

---

[29] *In* MYERS, ob. cit., p. 56.

1.3. A cópia-contrafação e a cópia-inspiração

Os estilistas pretendem combater, essencialmente, dois tipos de "inimigas": a cópia-inspiração (em sentido estrito) e a cópia-contrafação (em sentido amplo).[30] Para efeitos da presente obra, vamos distinguir as duas situações, com recurso ao seguinte diagrama[31]:

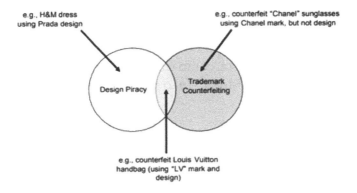

---

[30] Em 2015, o EUIPO publicou um relatório sobre o impacto ecónomico da violação dos direitos de propriedade intelectual no sector do vestuário, calçado e acessórios, disponível em https://euipo.europa.eu/tunnel-web/secure/webdav/guest/document_library/observatory/resources/research-and-studies/ip_infringement/study2/the_economic_cost_of_IPR_infringement_in_the_clothing_footwear_and_accessories_sector_en.pdf.
[31] *In* RAUSTIALA e SPRIGMAN, ob. cit., p. 1702.

Um produto contrafeito (em sentido estrito) consiste numa cópia do produto original, incluindo a marca. Exemplos de contrafação podem ser encontrados no chamado mercado negro e são regulados, primariamente, pelo direito de marca.[32]

Por sua vez, as cópias-contrafação (em sentido amplo) a que nos referimos são reproduções do *design* e do estilo original do produto com estreitas semelhanças, mas sem a intenção de passar pelo original.[33] Trata-se de uma captura mimética dos elementos do *design* original, como o espírito, a elegância, a forma, os materiais, o padrão, sem a aposição do logótipo ou da marca nos produtos.[34] Este fenómeno está, como vimos, bastante enraizado na indústria da Moda[35], não fosse a lógica inerente

---

[32] Por esta razão, tal questão situa-se fora do objeto da presente obra. Realce-se apenas que, de acordo com McCall, Tyler, *"trademark lawyers beg their clients to please put something on the outside to have something to protect* "(o pónei, o aligátor, o pinguim) *in* "Copyright, Trademark, Patent: Your Go-To Primer for Fashion Intellectual Property Law", p. 6.

[33] *"Such designers do not try to pass these bags off as the original Chanel, but try to capture the spirit and elegance of the look" in* Lampasona, ob. cit., p. 282.

[34] *In* Ferrill e Tanhehco, ob. cit., p. 254.

[35] Para uma visão histórica do fenómeno, v. Stewart, Mary, "Copying and Copyrighting Haute Couture: Democratizing Fashion 1900-1930s", p. 125. Hoje, são exemplos desta realidade as revistas de moda que têm secções sobre como "replicar" os *looks* e as tendências a preços razoáveis em lojas como a ZARA, H&M, TopShop e Forever 21, frequentemente apresentadas como alternativas aos *designers* do

desta a tensão constante entre a originalidade e a imitação de estilos.

Porém, ao lado do conceito de cópia-contrafação (em sentido amplo) surge o conceito de cópia-inspiração, sendo que a linha de fronteira entre estes termos nem sempre é fácil de demarcar.[36]

Na prática, é preciso diferenciar entre o que é uma cópia de um *design* – aproveitando-se *tout cour* do esforço criativo do *designer* –, da prática generalizada de inspiração em temas, estilos ou ideias da sua cultura, e que faz com que haja sempre elementos convergentes e referências comuns às várias criações de moda.[37] Nas palavras de MONSEAU: *"designers both influence and are influenced by other*

---

topo da pirâmide ou armazéns como o Macy's venderem tanto o *design* original como a sua cópia a preços diferentes.

[36] Como nota TRABUCO, Cláudia, a propósito das obras de arquitetura, *"aferir a existência de plágio, o que é o mesmo que dizer analisar se determinar obra nasceu sem verdadeiro esforço criativo e apoderando-se dos traços distintivos de outra obra, pode ser extraordinariamente difícil de fazer"*, sendo que *"como em qualquer obra, o desenho das obras arquitetónicas não é totalmente original e nem resulta apenas da imaginação do arquiteto"*, in "Repetir nunca é Repetir: Reflexões sobre a reprodução e o plágio de obras de arquitetura", pp. 28-29.

[37] *In* ERHARD, Meaghan, "Protection the Season Arts: Fashion Design, Copyright Law and the Viability of the Innovative Design Protection & Piracy Prevention Act", p. 300. Para HEMPHILL e SUK, *"goods that are part of the same trend are not necessarily close copies or substitutive. Rather, they may be efforts to meet the need of consumers for individual differentiation within flocking"*, in ob. cit. p. 1153.

fashion designers. They look for inspiration on the Paris catwalks, in the clothes of celebrities, and on the street".³⁸

Assim, consideramos que nos casos de cópia--inspiração, interpreta ou reinterpreta-se, pretende mudar-se ou adaptar-se algo, misturando ou juntando vários elementos de forma inovadora, o que permite alcançar uma criação com, pelo menos, pormenores distintivos.³⁹

Refira-se que as gigantes Zara e H&M assumem, tendencialmente, uma postura mais *inspired-by*, contratando *in house designers* que adaptam os *designs* apresentados nas passerelles ou passadeiras vermelhas, ao passo que a Forever 21 está associada ao *knocking-off*, não procedendo à modificação do *design* original.⁴⁰

Apreender estes conceitos revela-se fulcral para aquando da análise da proteção das criações de moda, quer pelo DA, quer pelo DM.⁴¹

---

³⁸ *In* ob. cit., p. 35. Esta ideia é reforçada por KHAGI, Irina, que reúne vários testemunhos de *designers* que vão neste sentido, *in* "Who's Afraid of Forever 21: Combating Copycatting Through Extralegal Enforcement of Moral Rights in Fashion Designs", pp. 78-80.
³⁹ "*Interpretation allows individuals to purchase a product with a design that they admire, but created with different details or materials making the product more suited to an individual's personal style*", *in* LAMPASONA, ob. cit., pp. 282-283.
⁴⁰ V. HEMPHILL e SUK, ob. cit., p. 1173, elencando casos em que a Forever 21 foi demandada nos EUA por alegadamente ter copiado criações de moda de outros *designers*.
⁴¹ Revela-se também essencial para o estudo de um outro instituto – o da cópia servil -, no âmbito da concorrência desleal, já que pode um

Visto isto, é, pois, altura de analisarmos com mais detalhe as várias etapas do processo criativo dos *designers* de moda, dando conta da complexidade[42], das dificuldades e da importância que este assume[43], sem olvidar, naturalmente, que o mesmo varia de *designer* para *designer*.[44]

1.4. O processo criativo

O processo criativo dos estilistas é particularmente complexo. Tal complexidade deriva desde logo do facto de a coleção de roupa, antes de disponível ao público, ser produzida e exibida em desfiles, revistas

---

designer ser condenado por imitar os traços essenciais de outro *design*- http://www.agoravox.fr/actualites/economie/article/condamnation-pour-copie-naf-naf-ne-42446. Por extravassar o tema a que nos propusemos a analisar, este ponto não será aqui objeto de maiores desenvolvimentos.

[42] Já na primeira metade do século XIX, rejeitava-se a ideia de que a produção de uma coleção de moda se resumia a tarefas de escolha e mistura de tecidos, *in* VALABRÈGUE, Hermine, *La Proprieté Artistique en Matière de Modes*, pp. 9-10.

[43] *"It is the designer's creative process – the assessment and combination of elements such as color, shape, aesthetics, and fashion trends in a highly subjective, artistic manner – that gives the design a competitive edge"* in MANFRENDI, ob. cit., p. 116.

[44] VALABRÈGUE, sublinhando este ponto, afirma que a ordem das operações pode ser invertida, *in* ob. cit., p. 31. No ac. do TRL de 21.02.2017 resume-se um processo em *"primeiro em esboços, depois em modelo em papel e por fim construindo e testando modelos vários até chegar à fase do protótipo"*.

de moda ou anúncios publicitários somente meses após a sua idealização.

Por outro lado, há que assinalar que este processo se repete todos os anos, sempre que uma coleção é produzida, e que o mesmo acarreta custos financeiros cujo reembolso depende do sucesso das vendas.

Logicamente, tudo começa com uma ideia, uma inspiração que servirá de tema para aquela coleção/peça. A inspiração pode provir de pinturas (p.e., o vestido *Mondrian* de Saint Laurent), da chamada *street style*, dos editoriais de revistas de moda, havendo ainda *designers* que estudam os costumes éticos, que colecionam tecidos e acessórios ou que se inspiram nas coleções passadas, "recuperando" o espírito da *Maison*.

A partir daqui o *designer* começa o desenho, projetando a linha ou o movimento que caracteriza a coleção futura, sendo natural que esse desenho vá sofrendo alterações consoante a etapa em que é utilizado. De acordo com PULS, podemos identificar os seguintes tipos de desenhos[45]:

---

[45] *In* PULS, Lourdes, À MÃO LIVRE – ensinando o desenho de moda sob um enfoque construtivista, pp. 71-73. De acordo com SPEVACEK, Aleksandra, estes esboços servem de "linguagem de construção", sendo a forma como o *designer* comunica com todos os envolvidos na produção daquela peça, *in* "Couture Copyright: Copyright Protection Fitting for Fashion Design", p. 605. Para outra enumeração dos vários tipos de esboços, v. HOYO, Paloma del, "Ensayos y Bocetos de Obras Plásticas", p. 129.

Croqui de moda: versão primitiva do projeto que representa a ideia de uma peça de roupa sobre um corpo humano, como suporte, representado pela figura de moda (estilizada ou na proporção da figura humana). Trata-se do delineamento (traços livres, soltos, dinâmicos) do que se vai fazer, destacando-se apenas aspetos importantes.

Desenho de moda: é o desenho que representa o produto final do projeto das peças de roupa sobre um corpo, como suporte, representado pela figura de moda, desenhada com os complementos (acessórios). Apresenta um maior grau de precisão e a sua função é a de visualização e interpretação dos detalhes do produto final, pelo que já são especificadas a cor, a textura, os estampados e certos materiais.

Desenho técnico de moda: é o desenho operacional para a etapa de desenvolvimento do produto e que é direcionado para a sua modelagem e confeção. É bidimensional e especifica cortes, costuras em linguagem específica e comum ao profissional que vai confecionar ou produzir tal peça (em três dimensões).

Depois de criadas e desenhadas, e quando o desenho técnico for aprovado, *"são construídos os prótotipos das peças de roupas, que também são submetidos a aprovação. Somente depois desse processo, as peças de roupa projetadas serão produzidas e confecionadas pelas indústrias, por equipas compostas não só por designer, mas por engenheiros* têxteis e costureiros".[46] Antes, porém, há que escolher a cor e os tecidos a usar.

Finalmente, recorde-se que a liberdade dos criadores de moda é limitada, não raras vezes, por algumas exigências técnicas e/ou tendências da estação em causa.

Analisadas as principais questões, é altura de passarmos ao estudo dos institutos jurídicos a que nos propusemos, aplicando, sempre que necessário e conveniente, os conceitos e os procedimentos aqui expostos.

---

[46] PULS, ob. cit., p. 78.

CAPÍTULO II
A Proteção do Direito de Autor

No presente capítulo, pretendemos averiguar se as criações de moda podem ser protegidas ao abrigo do DA e, em caso afirmativo, em que medida e sob que requisitos.

Posteriormente, analisaremos se as várias fases do processo criativo dos estilistas são (ou podem ser) objeto de proteção autoral, ou se esta é (ou pode ser) apenas reservada ao resultado final. Isto porque, não raras vezes, o *design-processo* (vertente operativa) – correspondendo à reunião de toda a documentação que compõe o projeto – é o elemento que concede valor à criação. Por outro lado, e na prática, alguns *designers* têm acesso aos esboços de outros *designers*, apoderando-se dos mesmos e produzindo essas criações de moda de forma mais rápida, pelo pode revelar-se uma mais-valia a proteção das fases intermédias do processo criativo.

Comecemos, então, por precisar o objeto do DA, o conceito de "carácter artístico", os requisitos de proteção e o conceito de "obra de arte aplicada", para posteriormente aplicarmos tais conhecimentos às criações de moda.

2.1. O objeto do Direito de Autor

Nos termos do art. 1/1 do CDADC, a tutela autoral incide sobre obras, isto é, *"criações intelectuais do domínio literário, científico e artístico, de qualquer modo exteriorizadas"*, cumprindo-nos, naturalmente, analisar este conceito normativo de obra.

Por um lado, *"a exigência de que se trate de uma criação intelectual significa que o espírito humano tem de encontrar expressão na obra, sejam pensamentos ou sentimentos"*[47], protegendo-se somente certas criações da mente e produtos do espírito/atividade humana que contenham alguma margem de liberdade criativa.[48] Assim, *"para que haja uma obra, requer-se que exista uma atividade criativa, intelectual, logo, humana"*.[49]

---

[47] *In* ROCHA, "Obras de Arquitetura como Obras Protegidas pelo Direito de Autor", p. 161. Segundo o ac. do TRL de 16.12.2008, *"ao referir-se a criação intelectual, o CDADC inscreve a obra protegida no campo da cultura e não, apenas, no universo das transações económicas"*.
[48] Por esta razão excluem-se do âmbito de proteção as obras que só se expressam por uma única forma e aquelas que são impostas unicamente pela sua função e utilidade.
[49] *In* SILVA, Nuno Sousa, RENDAS, Tito, *Direito de Autor nos Tribunais*, p. 10. A obra é "uma *realidade incorpórea resultante da exteriorização de*

Por outro lado, exige-se que tais criações intelectuais sejam exteriorizadas, não se protegendo, consequentemente, as *"ideias, os processos, os sistemas, os métodos operacionais, os conceitos, os princípios ou as descobertas"* (art. 1/2 do CDADC).[50]

Por último, há que atender à natureza literária ou artística da obra[51], como critério delimitador de obras passíveis de proteção autoral.[52] Acolhendo um entendimento restritivo, também nós entendemos que *"o DA não se destina a proteger todas as expressões da criatividade humana"*[53], devendo ser reservado apenas àquelas criações humanas que comportam um certo conteúdo estético ou cultural.[54] Como consequência, há que separar duas realidades distintas: o conceito de obra (do qual depende a natureza artística ou literária da criação) e os requisitos de proteção dessa obra. Assim, consideramos que o

---

uma criação de espírito", in TRABUCO, *O Direito de Reprodução de Obras Literárias e Artísticas no Ambiente Digital*, p. 36.

[50] Quanto à não proteção das ideias pelo DA, que decorre do art. 9/2 do TRIPS e do art. 2 da Convenção de Berna, v. *infra* 2.6.

[51] ASCENSÃO, José, seguido pela maioria da doutrina, afirma que *"as obras, na sua forma, são sempre literárias ou artísticas. Podem é provir do domínio literário, científico ou artístico"*, in *Direito Civil, Direito de Autor e Direitos Conexos*, 2008, p. 71. Repare-se que o art. 2 da Convenção de Berna apenas refere obras literárias e artísticas.

[52] Esta questão é porventura a mais discutida, havendo, em abstrato, três teses possíveis: a maximalista, a intermédia e a restritiva. Sobre estas teses, v. SOUSA E SILVA, Pedro, *A proteção jurídica do design*, pp. 158-164.

[53] *Id.* p. 162.

[54] *Id.* p. 157.

conceito de *"originalidade é um requisito da proteção de Direito de Autor e não um elemento definidor do conceito de obra"*.[55]

É, então, necessário definir o conceito de "criação artística", e, reproduzindo os ensinamentos do TRL[56], dir-se-á que em causa está *"uma propriedade de um objeto ou trabalho de design, que pode ser disfrutado pelos sentidos externos (valor estético) (...) com a potencialidade de afetar um ser humano, a nível emocional ou cognitivo"*.

Não obstante, a doutrina e a jurisprudência, nacional e estrangeira[57], oscilam entre que critério utilizar na aferição do caracter artístico da obra. Na esteira de SOUSA E SILVA, também nós não vemos nenhuma incompatibilidade no recurso simultâneo aos critérios conceituais e institucionais[58]

---

[55] *Id.* p. 163.
[56] Ac. de 21.02.2017.
[57] Por todos, *id.* pp. 175-188, concluindo que *"uma obra tem carácter artístico quando constitua uma expressão estética individual, refletindo de algum modo a sensibilidade do seu autor e resultando de escolhas arbitrárias destes, feitas segundo critérios não exclusivamente funcionais"*.
[58] Nos primeiros, e citando o ac. do TRG de 27.02.2012, *"artístico é aquilo que decorre da arte (...), entendida como uma atividade ligada a manifestações de ordem estética e espiritual (...)"*. Nos segundos, atende-se essencialmente *"à posição que essa criação ocupa num contexto social e cultural"*, pelo que *"obra artística é aquela que é criada por um artista"* e que *"a sociedade reconheça como tal"*, levando-se em conta uma diversidade de indícios da natureza artística da obra, nomeadamente, a *"sua inclusão em coleções de museus"* e *"em livros e revistas especializadas no domínio em apreço"*, in *id.*, pp. 183-184.

na apreciação do carácter artístico da criação em questão, parecendo-nos, aliás, a abordagem que melhor se coaduna com a realidade e com a dificuldade – ou mesmo impossibilidade – em definir o conceito relevante de "Arte".

Finalmente, importa referir que o DA pode incidir apenas sob uma (ou mais) partes de uma obra, desde que essa(s) parte(s) reúna(m) de *per si* os requisitos de que depende a tutela autoral e ainda que há certas obras que se encontram excluídas de proteção, nomeadamente, aquelas obras que já caíram no domínio público, nos termos do art. 38 do CDADC.

2.2. O elenco não taxativo e as obras de arte aplicadas

Com este pano de fundo, o art. 2/1 do CDADC enumera, de forma meramente exemplificativa, vários tipos de obras passiveis de proteção autoral. Para o nosso estudo, interessa atender às *"obras de artes aplicadas, desenhos ou modelos industriais e obras de design que constituam criação artística, independentemente da proteção relativa à propriedade industrial"*.

Saber o que se entende por "obra de arte aplicada" e qual a fronteira entre este conceito e o de "arte pura" não é pacífico. Porém, parece haver consenso na necessidade de tais obras revestirem primeiro a qualidade de "obras artísticas"[59]– afinal, estamos ainda no domínio do CDADC –, o que revela que as obras de arte aplicadas são protegidas apenas *"quando revistam as características das verdadeiras obras intelectuais"*.[60] O que acontece é que esta criação artística está aplicada ou *"inserida num contexto que não releve da 'arte pura', mas sim do domínio utilitário (...), industrial ou de produção de série"*.[61] Numa frase, entendemos que em causa estão objetos utilitários com finalidade estética ou ornamental.[62]

2.3. As criações de moda

Exposto o conceito e elementos de "obra" e sabendo que o CDADC elenca vários tipos de obras, o que dizer em relação às criações de moda?

Começando por constatar o óbvio e, contrariamente ao ordenamento jurídico francês[63], há que afirmar que não é feita qualquer referência às criações de moda.

---

[59] *In* ROCHA, "A originalidade como requisito de proteção do Direito de Autor", p. 32 e SOUSA E SILVA, ob. cit., p. 231.
[60] *In* MELLO, Alberto, *Contrato de Direito de Autor*, p. 77.
[61] *In* SOUSA e SILVA, ob.cit., p. 231.
[62] *In* GARNIER, Emmanuelle, "La Protection Juridique des creations du «design» ", p. 538.
[63] V. art. L112-2(14) do *Code de la Proprieté Intellectuelle*, Livro I, que, no elenco de obras passíveis de proteção autoral, inclui as criações das indústrias sazonais de vestuário e outros artigos de moda.

Na doutrina, AscENSÃO entende que *"uma criação de moda 'elegante' (...) não equivale a uma criação artística"*.[64] Outros autores admitem, em abstrato, a sua qualificação como "obra", integrando estas criações de moda no já referido art. 2/1/i) do CDADC, ora enquanto "desenho ou modelos"[65], ora enquanto "obras de design".[66]

Quanto a nós, sempre se dirá que mais importante do que enquadrar numa das alíneas do art. 2/1 do CDADC, é perceber se as várias peças podem ser consideradas "obras" pertencentes ao domínio das artes e da cultura.[67]

Parece-nos que uma resposta positiva se impõe, já que uma criação de moda (i) é *"fruto de elaboração intelectual – portanto, humana –, apresentando e*

---

[64] *In* ob. cit., 1992, p. 95.

[65] *In* RIBEIRO, Bárbara, "A tutela jurídica da moda pelo regime dos desenhos ou modelos", p. 502.

[66] *In* ABREU, Lígia, "Reconhecimento e Lei Aplicável à Proteção das Criações de Moda pelo Direito de Autor", p. 163, acrescentando que é necessário que a peça em questão seja *"uma expressão baseada num efeito visual de combinação de cores, forma, símbolos e* padrões *ou de harmonização de estéticas opostas, contribuindo muitas vezes para a redefinição e evolução da moda contemporânea"*.

[67] *"A moda dever-se-á considerar uma obra do domínio artístico uma vez que se expressa através de formas, volumes, texturas, diferentes materiais e cores"*, in ROCHA, "Pirataria (...)", pp. 198-200. Para RODRIGUEZ-CANO, Rodrigo, uma obra criada com finalidade artística pode receber posteriormente uma aplicação a um objeto utilitário, dando o exemplo da alta costura, *in Comentarios a La Ley de Propriedad Intelectual*, p. 229.

despertando um sentimento estético"[68], (ii) (pode) envolve(r) uma grande margem de criatividade[69], e (iii) possui carácter artístico.[70]

Por outro lado, caberá ao eventual lesado delimitar o âmbito de proteção da criação de que pretende lançar mão, pois tanto em causa pode estar uma imagem, um estampado, um bordado impresso numa peça de roupa, como a proteção do *design* dessa peça de roupa ou mala.[71]

---

[68] In BARREIRA, Rebeca, *O Direito Autoral e a Proteção das Criações de Moda: um estudo do caso Village 284 vs. Hermès*, p. 29. De facto, *"fashion designs are also a way for the designer to forge his or her own identity. That identity may entitle the designer to a property right in the resulting creation"*, sendo que *"a designer's creation of a garment design is thus a way to 'cause changes in the world' and to claim something as his own"*, in KHAGI, ob. cit., pp. 71-72.

[69] V. *infra* 1.4.

[70] O que implica, naturalmente, o apelo aos critérios conceituais e institucionais já mencionados que podem ser preenchidos com recurso à informação e ao posicionamento que adotámos no capítulo I. Neste sentido, v. a sentença da Comarca da Capital de São Paulo de 20.05.2011 segundo a qual *"as bolsas [Birkin] (...) tem valor por sua natureza artística, servindo muito mais como objeto de adorno e ostentação permanecendo seu aspecto funcional e utilitário em segundo plano"* e o ac. do TRL de 21.02.2017 nos termos do qual se reconheceu que as peças de roupa em causa constituíam *"criação intelectual que se autonomiza e supera a vertente meramente utilitária dos produtos de vestuário em referência"*, *"gerando um efeito visual próprio e marcante do ponto de vista técnico"*. Questão diferente é concluir pelo carácter original dessa criação.

[71] V. o ac. do TRL de 21.02.2017 que reconheceu proteção autoral à figura utilizada nas sweatshirts – à sua composição das formas geométricas, algarismos e letras estampadas/bordadas – e ao *design* de modelos de calças de ganga.

De qualquer forma, e na prática, consideramos que a maioria das criações de moda podem e devem ser enquadradas no art. 2/1/i) do CDADC, podendo *inclusive* ser consideradas "obras de arte aplicadas"[72], já que uma peça de roupa ou uma mala pode ser um objeto utilitário com acentuada finalidade estética.

Porém, não excluímos a possibilidade de certos artigos de moda serem considerados "apenas" obras de arte – pense-se na lingerie coberta por diamantes da autoria da Fátima Lopes ou o vestido de Guo Pei usado por Rihanna na *MetGala* de 2015[73] -, já que são casos em que a vertente utilitária é inexistente, relevando apenas a vertente artística da criação.

Assim, o passo seguinte é verificar se aquela peça em concreto reúne os requisitos necessários de que depende a tutela autoral.

2.4. Os requisitos de proteção: da originalidade

No que respeita aos requisitos de proteção, a doutrina e a jurisprudência não são unânimes nem quanto à enumeração, nem quanto à definição ou conteúdo dos mesmos.[74] Para efeitos da presente obra, e na sequência da posição já adotada, apenas

---

[72] Neste sentido, v. BARREIRA, ob. cit., p. 30.
[73] Foi confecionado à mão e demorou dois anos a ser feito.
[74] Porém, parece haver consenso relativamente aos chamados "não requisitos" mencionados no art. 2/1 do CDADC: género, forma de expressão, mérito, modo de comunicação e objetivo da obra.

consideraremos como requisitos de proteção a exteriorização[75] e a originalidade.

É a propósito deste último que se assiste ao maior debate doutrinário e jurisprudencial e saber se determinado *item fashion* é ou não original, depende, desde logo da conceção adotada.

Porém, e independentemente da conceção em apreço, cumpre afirmar que o requisito da originalidade deve valorar-se de modo distinto em cada tipo de obra, de acordo com os elementos relevantes, com a opinião da coletividade e dos especialistas a quem é dirigida a obra, sendo igualmente certo que se a obra tem um destino prático, é necessário que contenha elementos não determinados totalmente por o mesmo.[76]

Por um lado, e de acordo com a conceção tradicional (ou subjetiva), construída pela doutrina francesa, a originalidade equivale à marca da personalidade resultante do esforço do autor. No entanto, há que realçar que esta corrente de pensamento foi fruto de evolução[77], e atualmente entende-se que *"a originalidade existe sempre que a obra seja produto de*

---

[75] Sobre este conceito, v. REBELLO, Luiz, *Código do Direito de Autor e Dos Direitos Conexos Anotado*, p. 31 e TRABUCO, *O Direito de Reprodução de Obras Literárias e Artísticas no Ambiente Digital*, pp. 37-40.

[76] V. RODRIGUEZ-CANO, Rodrigo, *Comentarios a La Lay de Propriedade Intelectual*, p. 228.

[77] V. ROCHA, "A originalidade (...)", pp. 5-11 e MARQUES, João, *Biotecnologia(s) e Propriedade Intelectual – Direito de Autor, Direito de Patente e Modelo de Utilidade Desenhos ou Modelos*, pp. 122-132.

uma atividade independente, de um trabalho pessoal do autor. De fora fica apenas o trivial, o comum, porque se generalizou de tal modo que nunca pode ser atribuível a um dado autor".[78] É, portanto, uma exigência minimalista que exige um esforço mínimo de criação, não podendo ser uma mera cópia de uma obra anterior.[79]

A (escassa) doutrina portuguesa que se debruçou sobre a concretização deste requisito, adotando uma conceção subjetiva, entende que para ser considerada original, uma peça de roupa *"deve ser única em estilo e substância, resultado do trabalho independente do autor e das suas aptidões e não uma cópia de um trabalho prévio criado por outro autor"*, prescindindo que *"o autor demonstre a complexidade do seu trabalho ou o alto nível de competências empregue na sua execução".*[80] Indo mais longe, afirma-se que é *"possível distinguir aquelas peças de roupa originadas numa procura intelectual*

---

[78] V. ROCHA, "Modificações na obra de arquitetura: regime do artigo 60º do Código do Direito de Autor e do Direitos Conexos – Ac. do TRC de 25.03.2003, Rec. 4240/02", p. 58. Perfilhando este entendimento v. DRUMMOND, Victor *in A Tutela Jurídica das Expressões Culturais e Tradicionais*, p. 53 e, por todos, v. SOUSA E SILVA, ob. cit., pp. 204-205.

[79] V. ac. do TRL de 16.12.2008. RODRÍGUEZ-CANO ensina que para esta conceção *"no constituría, pues, una infracción del derecho de autor una obra igual a otra ya existente realizada por otro autor, siempre este este segundo autor no hubiese utilizado para nada, ni consciente ni inconscientemente, el modelo constituido por la obra preexistente"*, in ob. cit., p. 209.

[80] *In* ABREU, ob. cit., p. 164. De notar que esta autora não define o que entende por *"obras de design"* e não se pronuncia sobre a necessidade de exigência adicional relativamente às obras referidas no art. 2/1/i) do CDADC.

similar ao processo criativo artístico de criação de uma estética original e identidade única, que por isso são obras de design artístico, daquelas peças de roupa que são totalmente motivadas por razões comerciais, e por isso, reproduzidas em massa e sem originalidade".[81]

Por outro lado, e segundo a conceção objetiva, uma obra é original quando *"o resultado é produto da atividade intelectual do seu autor, ou seja, uma criação intelectual independente"*[82], sendo *"imprescindível que [a obra] assuma e se expresse com um traço distintivo e diferenciador de outras obras que já tenham adquirido o poder de ser conhecidas pelo comum das pessoas"*.[83] Conclui-se, então, que a obra tem de representar *"um contributivo para o domínio cultural"*.[84] Deste modo, originalidade e novidade[85] são verdadeiros sinónimos.

Por último, há quem adote uma conceção eclética/mista do conceito de originalidade, defendendo que *"a originalidade de uma obra depende da presença cumulativa dessas duas dimensões: a obra tem que ser uma criação do espírito do autor e tem que ser objetivamente nova"* e que *"a originalidade incorpora a novidade, que constitui a sua vertente objetiva, a par de uma vertente*

---

[81] *Id.* p. 163.
[82] *In* ROCHA, "A originalidade (...)", p. 18.
[83] Ac. do STJ de 05.07.2012.
[84] Parece ser este o entendimento do Juiz Gouveia Barros no voto de vencido do ac. do TRL de 21.02.2017. Por todos, v. SOUSA E SILVA, ob. cit., pp. 209, 211-213.
[85] V. *infra* 3.3.

subjetiva da individualidade (a obra constituir uma criação individual do autor)".[86-87]

Mas as querelas doutrinárias não se ficam por aqui, havendo ainda que mencionar uma outra, relativa ao critério de originalidade nas obras de arte aplicadas. Afinal, dependendo da perspetiva que se utilize, variam os parâmetros de análise de aferição da criação de moda como "obra".

Autores como RIBEIRO defendem que "*a criação artística exigida no artigo 2º, número 1, alínea i) do CDADC consubstancia (...) uma obrigação extra artigo 1º*"[88], pelo que o carácter artístico tem de prevalecer sobre o carácter utilitário. Consequentemente, entende-se que este requisito suplementar "*implica um mais avultado investimento em labor humano*", o que leva à conclusão de que a "*peça de vestuário reproduzida milhares de vezes per[de], ainda que inadvertidamente, a individualidade própria de uma peça única*".[89]

---

[86] *Id*. pp. 210, 215.
[87] A isto, soma-se a controvérsia de saber se este conceito se encontra harmonizado a nível europeu, o que complexifica toda esta questão.
[88] *In* RIBEIRO, ob. cit., p. 503. No mesmo sentido, v. MELLO, ob. cit., p. 77 e LEITE, Bruno *A proteção dos desenhos ou modelos pela propriedade industrial e pelo direito de autor*, p. 69. Por todos, v. SOUSA E SILVA, ob. cit., p. 233.
[89] *In* RIBEIRO, ob. cit., p. 517.

Contrariamente, há quem defenda que o conceito de originalidade é unitário e que não há um requisito adicional nesta categoria de obras.[90]

Enquadramento feito, é altura de nos pronunciarmos sobre o tema com incidência no mundo *fashion*. Advirta-se o leitor que não é nosso intuito – por não ser o momento nem o lugar certo – tomar posição acerca de todas as querelas que foram mencionadas. Pretendemos tão só pronunciarmo-nos sobre aquilo que, a nosso ver, se revela crucial para a questão que nos propusemos a analisar.

Em primeiro lugar, e contrariamente ao preconizado pela doutrina atrás referida, consideramos que o critério de produção industrial não é fator excludente nem da natureza artística da obra nem do seu carácter original. A este respeito, cite-se a já mencionada sentença do Tribunal de São Paulo que nos esclarece que o facto de uma mala ser produzida em grande escala *"não lhe retira a natureza de obra de arte, sabido que qualquer obra de arte pode ser reproduzida em larga escalda pelo detentor do direito de autor ou sob sua autorização, a exemplo do que ocorre com a edição de livros, discos e filmes"*. Também a jurisprudência francesa acolhe este entendimento, já que, como veremos, reconheceu a existência de tutela autoral

---

[90] Neste sentido, v. ROCHA, "A originalidade (...)", p. 31; SOUSA E SILVA, ob. cit., pp. 233-234 e o ac. do TRL de 21.02.2017.

a vários *itens*, desde malas a sapatos, que foram industrialmente produzidos.[91]

Em segundo lugar, diga-se que a originalidade tem de ser apreciada casuisticamente, havendo que ponderar algumas especificidades já apontadas como a influência recíproca entre *designers*, a inserção das várias criações em estilos e tendências e o facto de muitas vezes a *"forma principal da criação já se encontra[r] em domínio público"*[92] (o chamado "fundo comum da moda") – fatores esses que dificultam o preenchimento deste requisito. É que se a criação em questão se limitar a repetir algo que (já) pertença ao domínio público[93] ou ao quadro de referências objetivas do setor da Moda não merece tutela autoral.[94]

---

[91] Neste sentido, v. ainda CHAVES, António, "As obras de arte aplicada no direito brasileiro", p. 5. Quanto a nós, e uma vez que o "critério do modo de reprodução", como diferenciador entre "obras de arte" e "desenhos ou modelos" foi abandonado, negar-se tutela autoral só porque a criação de moda foi largamente reproduzida, revelar-se-ia um contrassenso.
[92] *In* BARREIRA, ob. cit., p. 32.
[93] Segundo a decisão do TGI de Paris de 10.06.2011, a forma retangular acolchoada, a inclusão dos berloques, a corrente constituída por uma sequência de elos ovais e metálicos caíram no domínio público da moda.
[94] Refira-se que a jurisprudência francesa tem admitido a originalidade de variadas criações se a combinação de elementos, ainda que pertencentes ao denominado "fundo comum de moda", revelar escolhas arbitrárias por parte do seu autor.

Em terceiro lugar, e como já se adiantou, tudo depende da conceção de originalidade que for adotada. Recentemente, no acórdão do TRL de 21.02.2017, discutiu-se a questão de saber se o *design* de umas calças de ganga e de um gráfico/estampado numa t-shirt e numa *sweat* podiam receber tutela autoral. Adotando um conceito subjetivo de originalidade[95], o tribunal entendeu que o gráfico aposto nas camisolas apresentava uma composição especifica *"baseada em formas, cores, palavras, número, o esquema das cores, o local da colocação da bolsa da barriga e inserção do bolso"* e que relativamente às calças os *"acentuados joelhos dobrados o efeito 3D 'anti-fit' e a forma como cada um dos três diferentes moldes foi cortado e montado"* permitiam afirmar o carácter original da peça em questão.

Já se se perfilar por uma conceção objetiva, há que atender ao *plus* que aquela peça representa ao estado de arte. Neste sentido, parece-nos crucial averiguar o ano da coleção, a combinação de cortes, tecidos, cores e sobreposições entre todos estes elementos.[96]

---

[95] A confeção das peças de vestuário em questão foi fruto de um significativo investimento na realização de um *design* único e inovador, tendo considerado estar-se perante uma *"verdadeira criação intelectual nova que expressa o espírito precursor de quem a concebeu, refletindo a sua personalidade e manifestando-se pelas suas escolhas livres e criativas, laboriosamente elaborada e colocada finalmente ao serviço de uma produção industrial no âmbito do vestuário (...), gerando através dessas formas e formatos um impressivo efeito estético"*.

[96] Para mais desenvolvimentos, v. *infra* 3.3.

De realçar que independentemente da conceção seguida, consideramos que é muito recomendável ao estilista que queira fazer valer os seus direitos autorais que proceda a uma caracterização detalhada da obra litigiosa[97], sendo que quanto mais nos aproximarmos do topo da pirâmide da moda, maior é o indício da originalidade da peça em questão.

Na prática, a originalidade da criação de moda será questionada *a posteriori* (e não no momento da criação da mesma) aquando do confronto com uma outra criação, que, no entender do *designer*, viola o conteúdo do seu direito de autor. Há, assim, duas etapas lógicas que não se confundem: primeiro há que concluir que aquela criação de moda é uma obra original para efeitos do CDADC; só em caso afirmativo é que posteriormente há que averiguar se o outro *item fashion* viola, de facto, o direito de autor concedido à primeira criação.[98]

Recorde-se que, nos termos do art. 9 e do art. 67/1 do CDADC, ao autor é garantido o exclusivo da utilização pública da obra e a sua exploração económica, podendo, se tal direito for ilicitamente

---

[97] Questão diferente é a de saber se ao Autor cabe a prova dos elementos concretizadores da obra, ou se pode o Tribunal apreciá-los oficiosamente. Sobre esta questão, v. SILVA, Nuno e SILVA, Paula, "Crónicas de Jurisprudência – Direito de Autor", p. 51.

[98] *"A apreciação da criatividade artística de uma determinada peça de vestuário deverá ser efetuada não apenas quanto à obra que alegadamente se apoderou da essência criativa da outra, mas também quanto à obra plagiada, somente tutelada se constituir uma criação artística"*, in RIBEIRO, ob. cit., p. 520.

violado⁹⁹, lançar mãos dos vários meios de tutela à sua disposição, que permitam a fruição dos frutos do seu esforço intelectual. Mas há que sublinhar que este direito exclusivo "*só permite impedir cópias da obra original, mas não obstar à utilização de obras semelhantes, que resultem de uma criação independente*".¹⁰⁰ Nesta tarefa, importa mencionar que a originalidade não só é requisito da tutela autoral, como ainda é parâmetro do conteúdo protegido de cada obra em particular, pelo que quanto maior a originalidade, mais forte será o direito exclusivo da obra.¹⁰¹

Ora, a segunda tarefa – a de delimitar o que se entende por "obras semelhantes" – revela-se árdua e de difíceis contornos, principalmente tendo em conta as especificidades desta indústria.

Neste ponto, entendemos que, por um lado, se deve lançar mão da distinção entre cópia-contrafação e cópia-inspiração, considerando-se ilícitas apenas as criações que consubstanciem cópia-contrafação.¹⁰²

---

⁹⁹ "*O criador original, ao ser copiado, pode ser prejudicado em termos económicos e também em termos de direitos morais, mesmo quando não há violação do seu direito de paternidade (...), por as cópias ostentarem marcas diversas, pode ser violado o direito de genuidade e integridade, previsto (...) no art. 56º, nº1 CDADC, por a modificação não autorizada atentar contra a honra e reputação do estilista inicial*", in ROCHA, "Pirataria (...)", p. 265.
¹⁰⁰ V. SOUSA E SILVA, ob. cit., p. 236.
¹⁰¹ V. SAIZ GARCÍA, Concepción, "Protección de las ideas por ele derecho de autor?", pp. 20, 22.
¹⁰² Assim se respeita a *ratio* do DA de premiar a criatividade e não de repressão do princípio da liberdade de criação. Com efeito, "*reinventar*

Por outro lado, na comparação entre as duas criações, há igualmente que verificar se as alegadas diferenças entre ambas não passam de artifícios utilizados para disfarçar o processo de cópia-contrafação daquela peça.[103]

Se é certo que estes critérios propostos podem auxiliar e guiar o aplicador e intérprete do direito, é igualmente certo que, na prática, muitas dúvidas hão-de surgir.

Precisamente devido a tais dificuldades – quer análise do carácter original, quer no confronto das duas criações de moda – parece-nos fundamental o recurso a peritos (prova pericial) que conheçam o funcionamento, especificidades e dinâmica deste mercado.[104]

---

não é necessariamente copiar. Muitas vezes as peças de que se parte são apenas fonte de inspiração e, portanto, as peças reinventadas não caem no domínio das obras derivadas", in ROCHA, "Pirataria (...)", p. 277.

[103] O ac. do Tribunal de Justiça do Estado do Rio de Janeiro, assinalando este ponto, concluiu que (i) diferenças como *"a exclusão das assinaturas, a invasão de cores fruto de má qualidade de arte final e da impressão, a alteração das espessuras das linhas, a despreocupação em preencher os espaços que teve a assinatura retirada"* eram insuficientes para concluir que não houve uma cópia da obra em questão e (ii) o facto de a autora se ter inspirado em personagens da linha canadense "Friends Forever" não exclui *per si* o caracter original da peça.

[104] No mesmo sentido, v. OTERO LASTRES, José, "El Grado de Creatividad y de Originalidad Requerido Al Diseño Artístico", pp. 426 e ss.

2.5. Os ensinamentos da jurisprudência francesa

É no ordenamento jurídico francês que a tutela autoral das criações de moda se encontra mais desenvolvida, não fosse França o berço da *Haute Couture* e contendo, como vimos, um Código da Propriedade Intelectual deveras *"fashion-friendly"*.[105]

Consideramos, então, que poderá ser útil percorrermos alguma doutrina e decisões dos tribunais franceses e retirarmos algumas lições que possam ser transpostas para o nosso ordenamento jurídico.[106] Assim:

- A técnica de entrelaçar o cabedal não é passível de proteção autoral. Porém, o *design* obtido através dessa técnica – o cabedal entrelaçado em forma de diamante – pode ser protegido, desde que original.[107]
- Relativamente ao âmbito merceológico, a circunstância de a decoração oriunda da técnica em causa ter sido já utilizada em

---

[105] A título de curiosidade, refira-se que um dos casos mais conhecidos nesta matéria teve lugar em França e opôs dois "gigantes" da indústria da Moda – Saint Laurent e Ralph Lauren. O caso remonta a 1994 e correu termos junto do Tribunal do Comércio de Paris, que reconheceu proteção autoral a um *tuxedo dress* da Autora, condenando a Ré por violação de tais direitos.

[106] Para mais desenvolvimentos, v. FOLIOT, Anna, " Le droit d'auteur, une solution alternative au droit des dessins et modèles".

[107] Decisão do TGI Paris de 12.11.2009.

sapatos não é facto destrutivo do carácter original do *design* da mala. Por outras palavras, a simples transposição para uma mala de uma (já conhecida) decoração aplicada em sapatos não implica, *per si*, a inexistência deste requisito.[108]
- O facto de as características da criação de moda apontadas pelo criador como sendo originais serem já conhecidas noutras peças do mesmo género destrói o carácter original da criação.[109]
- A escolha de materiais é meramente a expressão de uma ideia que não pode ser apropriada, tendo antes de se atender à forma, configuração das linhas e apresentação gráfica como elementos que podem suportar o carácter original da criação.[110]
- A combinação de características da criação de moda tem de corresponder a uma combinação inédita de elementos que, se considerados separadamente eram já conhecidos, mas que, no seu conjunto, conferem uma fisionomia particular de cariz estético.[111]

---

[108] Decisão do TGI Paris de 12.11.2009.
[109] Decisão da CA de Paris de 17.10.2012.
[110] Citando várias decisões a este respeito, v. GREFFE, François, "Protection of the original design".
[111] Decisão da CA de Versailles de 28.09.2006. Nesta decisão, considerou o Tribunal que diversos elementos conhecidos, mas cuja combinação confere uma configuração distinta e reconhecida,

- A originalidade reporta-se à data da criação.[112]
- O facto de uma peça estar disponível em várias versões, tamanhos e cores, não leva à negação do carácter original, quando o objeto de proteção for a forma da obra (no caso uma mala).[113]
- Pode haver violação de DA, ainda que as duas peças em questão se insiram em setores do mercado *fashion* diferentes e que a diferença de preços entre os artigos seja substancial.[114]

traduzindo o esforço criativo, consubstancia uma criação original. Já na decisão do TGI Paris de 25.03.2016, a autora procedeu a uma caracterização muito detalhada do modelo de sapato *scarlet*, concluindo o tribunal que a forma geral do tacão alto compensado, as tiras e utilização de veludo para o tacão e de couro no corpo do sapato conferiam ao referido modelo de sapatos um caráter original.

[112] Decisão do TGI de Paris de 27.01.2011. Refira-se ainda que nesta decisão foi tido em conta, na apreciação do carácter original da criação de moda, o facto de o corpo do sapato ser caracterizado por várias tiras geométricas de couro unidas por tachas metálicas arredondadas, sendo que cada tira apresentava características diferentes.

[113] Decisão do TGI de Paris de 27.01.2011.

[114] A *Maison* Dior reivindicou direitos de autor para a mala "Logo Saddle" e afirmou que La Redoutte fabricou uma mala que reproduzia as características originais da sua mala, por um preço muito inferior. Esta sociedade defendeu-se, alegando que não é concorrente da *Maison* Dior, que não partilham a mesma clientela e que operam em setores de mercado diferentes. A CA de Versailles, na decisão de 28.09.2006, conclui que a forma da mala merecia tutela autoral e afirmou que a comercialização da mala da infratora – mesmo que por preço inferior – contribuiu necessariamente para causar uma desafetação da clientela da *Maison* Dior, que investiu financeiramente para conceder um produto autêntico.

- Para haver reprodução das características objeto de tutela autoral, há que atender às semelhanças e não às diferenças. As diferenças de detalhe não serão tidas em consideração se não alterarem o aspeto geral semelhante das obras em causa. Por outro lado, o risco de confusão entre as duas peças não constitui condição necessária a uma eventual reprodução ilícita por violação de DA.[115]
- A mesma criação de moda pode ser tutelada pelo regime do DA e do DM[116], podendo igualmente ser atribuída proteção industrial e negada proteção autoral[117]

2.6. Esboços e Rascunhos: a proteção autoral das várias fases do processo criativo?

Na tentativa de averiguar que partes (se alguma) do processo criativo podem ser objeto de proteção autoral, o ponto de partida é, invariavelmente, a exclusão da proteção das ideias – por maior que seja o seu valor patrimonial ou grau de originalidade[118]

---

[115] Na decisão mencionada, considerou-se que o facto de a mala da La Redoutte não ter as iniciais CD (alusivas à *Maison* Dior) não é, *per si*, suficiente para considerar que não houve uma violação de DA.
[116] Decisão do TGI de Paris de 27.01.2011.
[117] Decisão do TGI de Paris de 10.06.2011.
[118] Realçando este ponto, v. ac. do STJ de 05.07.2012.

–, e dos processos criativos – no seu todo –, por expressa imposição do art. 1/2 do CDADC.

De facto, o DA *"incide apenas sobre a expressão da ideia e não sobre a ideia em si mesma, que permanece livre para fruição de todos"*[119], pelo que *"uma ideia ou tema pode servir de inspiração para sucessivas obras de diferentes autores"*.[120-121] Assim, e no campo específico da Moda, não podem ser protegidas as tendências, que não são mais do que *"ideias compartilhadas pela sociedade em determinada época"*.[122]

É preciso antes que a ideia se *"projete na percetibilidade intelectiva do ser humano"*[123] e para tal *"tem de descer da sua imaterialidade para encarnar numa determinada maneira de expressão"*.[124]

No caso das criações de moda, o desenho das mesmas constitui a forma de expressão das ideias dos *designers*. O desenho é, pois, o suporte físico que preside à realização de uma criação intelectual.

Ora, naturalmente, a ideia faz parte do processo criativo do *designer* (afinal não há criação sem previa-

---

[119] *In* RENDAS e SILVA, ob. cit., p. 9.
[120] *In* CORREIA, Luís, *Direito da Comunicação Social*, p. 44.
[121] Sobre o conceito de ideia, v. MERUJE, Maria, *O objeto do direito de autor*, pp. 52-54, que citando autores italianos, chama a atenção de que a ideia pode atravessar diversas fases durante o processo criativo – a chamada *"idee elaborate"*.
[122] *In* BARREIRA, ob. cit., p. 32, mais esclarecendo que a configuração específica de um produto pode ser protegida, mas a ideia (p. e., cobrir uma tira de um sapato a ouro) não.
[123] Ac. do STJ de 05.07.2012.
[124] *In* ASCENSÃO, ob. cit., 2008, p. 60.

mente haver ideia), pelo que é facilmente concluído que esta (primeira) fase do processo não aufere proteção autoral.

Mas poderão os esboços[125] e rascunhos ser tutelados?

A este propósito, constate-se que o art. 2/1/l) do CDADC concede proteção aos *"projetos, esboços e obras plásticas respeitantes* à *arquitetura, ao urbanismo, à geografia ou às outras ciências"*, sendo, porém, controvertida a questão de saber a que título é que estes projetos e esboços são protegidos.

Se há quem entenda que *"a proteção do projeto representa a proteção de um estádio intermédio da obra, que saiu já da etapa de mera ideia e adquiriu uma expressão criativa individual"*[126], outros consideram que a lei apenas tutela *"elementos preparatórios ou auxiliares que possuam mais valia estética por si"*, ou seja, *"uma nova obra, pela valia estética que apresente"*.[127]

Acrescente-se tão-só que é comum limitar-se a proteção dos esboços e dos projetos aos casos em que a criação (leia-se: no seu estado final) constitui obra protegida no âmbito do direito de autor.[128]

---

[125] Como sublinha Hoyo, o conceito "esboço" é impreciso, ambíguo e equivoco, suscetível de interpretações diversas, desde traços muito esquemáticos até desenhos com grande detalhe, *in* ob. cit., p. 125.

[126] *In* Trabuco, *"Repetir Nunca é Repetir (...)"*, p. 7.

[127] *In* Ascensão, ob. cit., 2008, p. 73 e Leitão, Luís, *Direito de Autor*, p. 90.

[128] Negando tutela aos projetos de engenharia, v. Ascensão ob. cit., 2008, p. 72 e Leitão, ob. cit., p. 90, que entende que *"em relação aos projetos e esboços, cabe, porém, esclarecer que não é todo e qualquer projeto*

É a propósito das obras de arquitetura que a questão das fases iniciais do processo criativo se encontra mais estudada, entendendo-se que a obra de arquitetura é *"suscetível de proteção em todas as suas fases, desde os planos até à construção tridimensional, desde que em cada uma dessas fases se satisfaçam os requisitos de proteção"*.[129]

Considerações iniciais feitas, o que dizer relativamente aos rascunhos e esboços das criações de moda?

Em primeiro lugar, ao nosso sistema legal não repugna a proteção dos estados intermédios das obras, sendo exemplo disso o já mencionado art. 2/1/l) do CDADC.[130]

Em segundo lugar, o facto de não lhes ser feita referência direta no art. 2 do CDADC não é, *per si*, suficiente para excluir a sua proteção. Afinal, o

que pode ser objeto de proteção pelo direito de autor, uma vez que o projeto representa normalmente apenas um esboço de uma obra futura, e o direito de autor apenas tutela as criações de espírito já exteriorizadas e não obras futuras a realizar". Também nós consideramos que não se pode sufragar um entendimento no qual qualquer esboço respeitante a toda a categoria de criação merece tutela autoral, sob pena de esvaziar o conteúdo do art. 2/1/l) do CDADC que apenas elenca os projetos ou esboços respeitantes a certas áreas.

[129] *In* ROCHA, "Direito de Integridade e Genuidade das Obras de Arquitetura", p. 5 e TRABUCO, "Repetir Nunca É Repetir (...)", p. 6.

[130] *"A lei protege igualmente os esboços e fragmentos de obras, venham ou não os seus autores a completá-las, que não sendo ainda a obra final, constituem já criações exteriorizadas"*, *in* REBELLO, ob. cit., p. 37. Também ROCHA defende a proteção dos esboços e das obras inacabadas, *in* "Obras de Arquitetura como Obras Protegidas pelo Direito de Autor", p. 162.

elenco legal é meramente exemplificativo, importando sim que cada obra reúna os requisitos necessários de que depende a tutela autoral.

Em terceiro lugar, e como vimos, as criações de moda podem ser consideradas obras para efeitos de aplicação do CDADC – pelo que, mesmo para quem considere que a lei só admite a proteção dos estados intermédios nos casos de proteção do estádio final, – tal requisito encontra-se, em abstrato, preenchido.

Finalmente, consideramos que esta proteção das fases iniciais da criação de moda impõe-se por motivos de coerência lógica e sistémica, dadas as semelhanças entre a Moda e a Arquitetura, como passaremos a demonstrar.

Por um lado, tanto as criações de moda como as criações arquitetónicas contêm elementos utilitários e artísticos[131], podendo ambas ser consideradas obras de arte aplicadas.[132]

Por outro lado, partilham características semelhantes no que respeita ao requisito de "originalidade", já que, por exemplo, a combinação

---

[131] *"While an architectural work may be decorative and elaborate, it also has the utilitarian function of providing adequate shelter and security" in* Tse, Tifanny, "Coco Way Before Chanel: Protecting Independent Fashion Designers' Intellectual Property against Fast-Fashion Retailers", p. 428.

[132] Rocha defende que as obras de arquitetura são ainda obras de arte aplicada no sentido de obras utilitárias, *in* "Modificações na obra de arquitetura (...)", pp. 58-59.

dos materiais é um dos fatores a ter em conta na originalidade de um prédio ou de um vestido.[133]

Repare-se ainda que tanto numa como noutra existem limites impostos à liberdade criativa dos autores, exigências essas determinadas por exigências sociais, económicas, humanas, técnicas/funcionais e ainda pelas necessidades dos clientes.[134]

Por último, sublinhe-se que, regra geral, e da mesma forma que não é o arquiteto que constrói ele mesmo, isto é, que participa fisicamente no trabalho de edificação do edifício, também não é o estilista que confeciona/executa a peça de roupa em questão.

Em suma, e citando VALABRÉGUE, *"a obra do estilista é sempre a tradução de um desenho, de um conceito de linhas e cores, tal como a obra edificada é a realização da conceção de planos de arquitetura"*.[135]

Assim, não se vislumbra qualquer obstáculo legal ou prático para se negar tutela aos esboços de criações de moda, quando a mesma tutela é atribuída às fases intermédias das obras de arquitetura.

---

[133] *"All buildings are made with doors, like all jeans are made with thread and textiles", in* TSE, ob. cit., p. 428.

[134] Salientando este aspeto nas obras de arquitetura, v. TRABUCO, "Repetir nunca é repetir (...)", p. 11. SPEVACEK vai mais longe e afirma que *"fashion design, like architecture, is simply a form which function dictates; it is the embodiment of ideas, politics, and trends found outside the fashion industry. Both fashion and architecture share their mythical and ritualistic qualities as well", in* ob. cit., p. 614.

[135] *In* ob. cit., p. 31.

O próximo passo é, então, analisar os requisitos de proteção já anteriormente estudados: (i) a exteriorização e (ii) a originalidade.[136]

Ora, relativamente ao primeiro, entendemos que a criação de um estilista adquire exteriorização suficiente com a fixação das ideias num desenho à mão (em papel ou em formato digital).

Questão diferente, e mais complexa, prende-se com o segundo requisito e com a questão de saber qual o grau de originalidade necessário, em concreto[137], para efeitos de aplicação do CDADC.

Aqui, começamos novamente por constatar o óbvio: responder a esta questão *a priori* não é possível e depende da análise do caso (ou melhor: do esboço!) em concreto.

Numa tentativa de resolução da questão, parece-nos que quanto mais próximo do estádio final[138] mais fácil será defender-se que é original. Apelando ao *iter* criativo e aos vários tipos de desenhos, consideramos que será mais provável que seja no desenho de moda e no desenho técnico[139] onde se

---

[136] No mesmo sentido, v. PANIDOU, ob. cit., p. 19.
[137] Para SAEZ GARCÍA, o *quantum* de originalidade necessária depende de fatores internos, intrínsecos à obra (tipo e género de obra) e extrínsecos (provenientes do ponto onde se concentre a atividade lesiva de terceiro), *in* ob. cit., p. 37.
[138] O que, por si só, pode levantar algumas questões, já que a fronteira entre obra terminada e esboço em fase final é ténue.
[139] V. *supra* 1.4.

conclua pela originalidade necessária para efeitos de DA.

Em qualquer caso, porém, sempre se dirá que o esboço tem de conter a informação básica e os detalhes mínimos que permitam, pelo menos, identificar e personalizar a obra em questão, independentemente das mudanças que venha a sofrer.

CAPÍTULO III
A Proteção do Desenho ou Modelo

Na última parte da presente obra, pretendemos analisar se – e em caso afirmativo de que modo – podem as criações de moda ser protegidas ao abrigo do Regulamento (CE) n.º 6/2002 relativo aos desenhos ou modelos comunitários.

A suscetibilidade e pertinência da aplicação deste regime às criações de moda parece não suscitar já grande controvérsia, admitindo-se que os DMC *"desempenham um papel muito importante na proteção da moda"*.[140] De facto, a indústria da Moda assenta primordialmente na sensibilidade estética dos elementos exteriores das criações e, dado que os DM *"correspondem a criações estéticas utilizadas pela indústria, no fabrico de produtos em massa, de forma a tornar a sua aparência mais atrativa para o consumidor,*

---

[140] *In* ROCHA, "Pirataria (...)", pp. 212, 215.

aumentando a sua venda no mercado"[141], parece-nos evidente estarmos perante um *perfect match*.

Porém, e uma vez que a proteção industrial ao abrigo da figura do DM pode ter um cariz meramente nacional[142], há que advertir o leitor de que o foco da nossa análise será o regime comunitário (*rectius* da União Europeia). E esta nossa opção justifica-se essencialmente por o carácter transnacional da Moda se coadunar com uma proteção transfronteiriça e por o recurso ao DM não registado até três anos (protegido pelo desenho ou modelo comunitário) – figura não prevista no nosso CPI – se ajustar melhor, como veremos, às especificidades desta indústria.

Assim sendo, passemos à análise do RDM que prevê a figura dos DMC como "*modalidade de direitos da propriedade industrial supranacionais criados para vigorarem, em termos idênticos, em todo o território da União Europeia*".[143]

---

[141] *In* OTERO LASTRES, "El Diseño Industrial Según La Ley de 7 de Julio de 2003", p. 55.

[142] Com efeito, é possível lançar-se mão do regime de DM de acordo com a lei interna de cada EM, mas a respetiva proteção restringe-se ao respetivo território, de acordo com o princípio da territorialidade. Assim, é de concluir que no espaço europeu vigora um sistema complexo de acumulabilidade e sobreposição de direitos industriais. Em Portugal, o regime dos DM, que resulta largamente da transposição da Diretiva 98/71/CE, encontra-se regulado nos art. 173 a 210 do CPI.

[143] *In* OLAVO, Carlos, "A proteção do '*trade dress*'", p. 437.

3.1. Os Desenhos ou Modelos Comunitários

O RDM institui um verdadeiro duplo sistema de proteção pois consagra, de forma paralela, a existência de duas espécies de DMC: os registados e os não registados.[144] E, se há aspetos do regime que são comuns a estas duas figuras (como a definição do objeto de proteção e os requisitos de proteção), diferenças significativas também se fazem sentir (nomeadamente quanto ao início, duração da proteção e quanto aos direitos conferidos), cobrindo-se, assim, realidades e necessidades diferentes.

Por um lado, a figura do DMC não registado é mais apta a satisfazer as necessidades dos *designers* que, num curto espaço de tempo, produzem um elevado número de criações, renovando as suas coleções variadas vezes. E isto porque a proteção é obtida sem qualquer formalidade e confere ao seu titular uma proteção por três anos a contar da data da divulgação ao público em todo o espaço europeu (art. 1/2/a) e art. 11 do RDM).[145]

---

[144] Esta figura, que não tem paralelo no regime do CPI português, é entendida como um direito *sui generis*, dada a natureza híbrida entre o DA e o direito de patente.

[145] V. STOOP, Rutger, STÖPETIE, Kurt, "Chapter 6: Industrial Design Rights: Europe", p. 99 e SAEZ, Victor, "European Community Design System", p. 95, defendendo o período de proteção do DMC não registado é adequado e suficiente, porque grande parte das peças de roupa, ao fim deste período de tempo, tornam-se *old fashion*. No mesmo sentido, v. ROCHA, "Pirataria (...)", p. 216.

Já o DMC registado tem em vista, essencialmente, os segmentos da indústria da Moda que precisam de alguma certeza jurídica e proteção a longo prazo, fruto do forte investimento feito naquela peça. E isto porque em causa está uma forma de proteção duradora, conferida por um período de 5 anos a contar da data de depósito do pedido, prorrogável até ao prazo máximo de 25 anos (art. 12 do RDM) e, como veremos, mais completa.

Na verdade, basta uma pesquisa no site do EUIPO[146] para verificar que há vários DM registados incorporados em produtos *fashion*. Uma análise mais profunda revela não só que os produtos mais registados são malas, sapatos e peças de joalharia, como ainda o facto de serem as *Maison* de Luxo – pertencentes ao topo da pirâmide – que mais procedem ao registo[147] dos seus DM incorporados nos produtos em causa junto do EUIPO (art. 1/2/b) e art. 2 do RDM).

Dito isto, aprofundemos alguns aspetos do regime que nos permitam compreender o objeto, os

---

[146] https://euipo.europa.eu/eSearch/
[147] O processo de registo não apresenta especificidades no que concerne à indústria da Moda. Por este motivo, refira-se tão só que o EUIPO criou as "Examination Guidelines" – documento que oferece informações práticas quanto ao processo de registo que, não obstante não ter força vinculativa, não se lhe pode negar força persuasiva – que pode ser consultado em https://euipo.europa.eu/ohimportal/pt/design-guidelines.

requisitos e o tipo de proteção conferida por cada uma destas figuras.

3.2. O objeto do Desenho ou Modelo

Para averiguar da pertinência e utilidade dos DMC para os *designers* de moda, cumpre-nos delimitar o objeto dos mesmos.[148] Nos termos do art. 3/a) do RMC, protegem-se as características visíveis[149] da aparência – ou o aspeto exterior – de um determinado produto (ou parte dele[150]), nomeadamente as *"linhas, contornos, cores, forma,*

---

[148] O termo "desenho" inclui realidades bidimensionais – como os padrões têxteis – que operam sobre uma superfície, e "modelo" designa realidades tridimensionais (volumétricas). Assim, e ao contrário do regime do DA, consideramos que, em abstrato, a admissibilidade da proteção dos esboços e rascunhos não se revela problemática, enquadrando-se na definição de "desenho".

[149] MAIA, José entende que é preciso que a característica da aparência possa ser pelos sentidos (visão e tato), *in Propriedade Industrial*, Vol. II, Almedina, 2005, p. 329. Já PIDWELL, Pedro refere que *"limitar a proteção dos desenhos à visibilidade das suas características da aparência é desvalorizar o plus de criatividade que aquelas criações do espírito humano encerram"*, *in* "Os requisitos substantivos da proteção dos desenhos e modelos", p. 102.

[150] *"The part of the product whose design seeks protection need not have a commercial life of its own. This affords substantial latitude to the claimant to strategically define its design in numerous ways, including and excluding different parts of the product and combinations thereof"*, in DINWOODIE, Graeme, MONT, Jason Du, JANIS, Mark, "Trade Dress & Design Law", p. 6.

textura e/ou materiais do próprio produto e/ou da sua ornamentação". Como consequência, e também na indústria da Moda, fica excluída a proteção do "look and feel of the *design*".[151]

Com efeito, esta proteção da aparência revela-se fulcral, pois, como vimos, o êxito comercial de um produto de moda depende maioritária e essencialmente da sua aparência, sendo muitas vezes os aspetos elencados na norma legal um fator mais importante do que a funcionalidade ou preço do produto.

Ora, sendo protegida a aparência do produto, então conclui-se que o produto é o mero suporte material onde os desenhos vão ser incorporados. O art. 3/b) do RDM oferece uma definição de "produto", referindo ainda, as suas diferentes origens (industrial e/ou artesanal[152]). No campo da indústria da Moda, podemos, de facto, estar perante um produto industrial – mormente no segmento *fast fashion* – mas igualmente perante um produto artesanal – mormente, nos segmentos superiores da pirâmide da Moda.

Por outro lado, e conforme sublinhado pela doutrina europeia, o produto não tem de ter um valor (intrínseco) estético (basta um impacto estético) e o uso e a fonte do produto são características

---

[151] *In* STOOP e STÖPETIE, ob. cit., p. 100.
[152] Sobre esta distinção, v. GONÇALVES, Luís Couto, *Manual de Direito Industrial*, pp. 136-137.

irrelevantes.¹⁵³ Afinal, não se esqueça que o que se protege é o aspeto exterior do produto e não o produto (no nosso caso, a camisola, os sapatos, a mala, ...) em si.

Porém, há certos tipos de DMC que não merecem tutela industrial. Referimo-nos àqueles cujas características da aparência são ditadas exclusivamente pela sua função técnica (art. 8 do RDM) e ainda aos que são contrários à ordem pública e aos bons costumes (art. 9 do RDM).[154-155]

Quanto aos últimos, não nos repele o facto de um DM poder ofender os bons costumes. Pense-se numa mala em forma de um órgão sexual, na criação de Franc Fernandez que ficou apelidada de "vestido de carne" ou em criações que contenham conteúdos racistas.[156] Nestes casos, o DM não merece proteção jurídica.

---

[153] *In* BULLING, Alexander, LANGÖHRING, Angelika, HELLWING, Tillmann, "The Community Design: A New Right of Design Protection for the European Community", p. 113.

[154] Quanto à definição destes conceitos, v. RIBEIRO, ob. cit., p. 494. De acordo com o site do EUIPO, os DM *"que retratam ou promovem a violência ou discriminação com base no género, origem racial ou étnica, religião ou crença, deficiência, idade ou orientação sexual serão recusados"*.

[155] A contrariedade à ordem pública ou aos bons costumes constitui causa de nulidade de qualquer DMC (art. 25/1/b) do RDM) e é fundamento para recusa do pedido de registo (art. 47/1/b) do RDM). De notar que esta proibição respeita ao DM em si e não à forma como é explorado ou divulgado, *in* JIMÉNEZ, Alberto, *El Diseño Comunitario: uma Aproximación al Régimen Legal de los Dibujos y Modelos en Europa*, p. 56.

[156] Questão interessante é a de saber se esta contrariedade à ordem pública e aos bons costumes tem de ser aferida tendo por base o

Passemos então à análise dos requisitos de proteção estabelecidos na lei.

3.3. Os requisitos de proteção

De acordo com o art. 4/1 do RDM, são dois os requisitos [cumulativos] a que temos de atender: a novidade e o carácter singular.[157-158] À semelhança do capítulo anterior, pretendemos, mais do que tomar posição nas diversas querelas, densificar tais

---

conjunto dos EM ou se a proteção pode ser negada se o DM violar estes conceitos em apenas um EM. MASSA, Charles, Alain STROWEL inclinam-se para a segunda tese, *in* "Community Design: Cinderella revamped", p. 72. DUVAC, Constantin considera que o DMC deve ter um carácter unitário, pelo que os conceitos em causa devem ser aferidos a um nível europeu, *in Protectia* juridico-*penala a desenelor si modelelor*, pp. 90-101. JIMÉNEZ entende que a qualificação de um DM como contrário a estes conceitos reportados a apenas um dos EM levaria ao efeito não desejado de impedir a sua proteção jurídica em todo o espaço europeu, *in* ob. cit., p. 56.

[157] Sobre a questão de saber se o carácter aparente do DM é requisito de proteção, v. o documento da CE "Legal Review on industrial design protection in Europe", pp. 72 e ss e o ac. do TJUE, proc. apensos C-361/15 e C-405/15, §63.

[158] Questão discutida, tanto na doutrina europeia como nacional, é a de saber se estes dois requisitos se reconduzem, afinal, à mesma realidade. Não consideramos, porém, ser esta a altura certa para sobre tal nos pronunciarmos, já que o tema não oferece especificidades na indústria da Moda. Analisaremos os dois requisitos, separadamente, e tendo em conta os ensinamentos da jurisprudência europeia e nacional. Sobre esta questão v. GONÇALVES, ob. cit., pp. 139-142.

requisitos e expor as principais fragilidades deste regime quando aplicável às criações de moda.

Assim sendo, e começando pelo requisito da novidade (art. 5 do RDM) importa referir que para que um DM seja considerado novo não pode ser uma reprodução do que já existe no mercado[159]. Há, portanto, que proceder a uma comparação objetiva entre aquele DM e todos os anteriores compreendidos no *estado de arte*[160], sendo que o próprio artigo estabelece o momento temporal a atender para efeitos de início da contagem do prazo de proteção – o qual difere consoante se trate de um DMC registado ou não registado.

Esta apreciação da novidade é feita de modo objetivo, sendo irrelevante *"saber se há riscos de confusão"*, o setor do produto de onde provêm os DM anteriores[161] ou ainda se houve ou não esforço criativo por parte do seu criador. Mencione-se ainda que o legislador europeu não pretendeu adotar um conceito de "novidade" semelhante àquele que é usado no direito de patente, pelo que a tónica da análise tem de se centrar nas diferenças (e não nas

---

[159] Segundo o ac. do TRG de 15.09.2012, um DMC é novo *"quando as características da aparência não são razoavelmente conhecidas para os profissionais do setor que operam na Comunidade, no âmbito do exercício da sua atividade."*

[160] *In* SAEZ, ob. cit., p. 96.

[161] V. decisão do TGUE, proc. T-15/13, confirmada pelo TJUE no proc. C-361/15 e C-405/15, §90-96. Nesta decisão, o Tribunal considerou que é de aplicar, por analogia, ao requisito da novidade, os ensinamentos do §61 do proc. C-345/13.

semelhanças) entre os dois DM.¹⁶² Daqui resulta que diferentes tamanhos, desvios nos esquemas de cores ou uso de materiais diferentes não excluem, necessariamente, o carácter novo de um DM.¹⁶³

Por último, há que assinalar, com especial relevo para o mercado *fashion*, que, pelo menos para alguns autores, é possível que sejam tidos como novos os chamados DM "de ressurreição" – i.e, os conhecidos no passado pelos especialistas do setor mas que se encontram esquecidos no presente.¹⁶⁴ Como vimos, cada vez mais os estilistas inspiram-se em coleções passadas, adaptando tecidos, padrões e estilos anteriormente usados, pelo que o facto de não se excluir o carácter novo do DM revela-se da maior utilidade para os estilistas.

Já quanto ao caráter singular importa, desde já, mencionar que não só é requisito de proteção, como

---

[162] Repare-se que o art. 5/2 do RDM rejeita o caráter novo se as características dos produtos diferirem apenas em pormenores insignificantes. De facto, as decisões do EUIPO têm revelado que se se demonstrar que dois DM, apesar das semelhanças, diferem num número de características e que tais características possuem relevância material no julgamento da aparência do produto, então o DM é novo, *in* "Legal Review (...)", p. 110. Também neste sentido, v. decisão do TGUE, proc. T-68/11, $37.

[163] V. BULLING e outros, ob. cit., p. 114 e SOUSA E SILVA, ob. cit., p. 95.

[164] Assinalando este ponto, v. JIMÉNEZ, ob. cit., p. 41. Em sentido oposto, v. RIBEIRO, ob. cit. p. 515. De acordo com GREFFE, *in* ob. cit., na decisão da CA de Paris de 24.01.2001 considerou-se que a simples transposição de um elemento que caiu no domínio público não pode ser considerado novo nem com caráter original.

ainda, delimita o âmbito de proteção do direito de exclusivo conferido ao seu titular (art. 10 do RDM).

Ora, de acordo com o art. 6 e o considerando 14 do RDM, a apreciação do carácter singular de um DM deve basear-se na diferença clara entre a impressão global suscitada pelo DM num utilizador informado que o observe e a impressão nele suscitada pelo património de desenhos ou modelos existentes (a arte prévia), atendendo à natureza do produto, ao sector industrial a que pertence e ao grau de liberdade do criador na realização desse DM.

Para aferir do carácter singular de um DM é, então, necessário analisar os diversos conceitos legais que são utilizados e que têm sido desenvolvidos pela jurisprudência e doutrina europeia, a saber: utilizador informado, impressão global distinta, grau de liberdade e arte prévia.[165]

No que respeita ao conceito de "utilizador informado", o TJUE[166] decidiu que em causa está *"um conceito intermédio entre o de consumidor médio, aplicável em matéria de marcas, a quem não se exige nenhum conhe-*

---

[165] O TGUE, no proc. T-666/11, propôs uma análise faseada em quatro etapas. A este respeito, v. SOUSA E SILVA, ob. cit., p. 98. Resumindo as quatro etapas propostas por Suthersanen, v. DERCLAYE, Estelle, "The British Unregistered Design right: will it survive new community counterpart to influence future european case law", pp. 278-279.

[166] Proc. C-281/10, §53-54. Para uma análise mais aprofundada dos casos jurisprudenciais discutidos a propósito das noções de "utilizador informado" e "impressão global", v. MOORE, Kathryn "Anatomy of a Design Regime", pp. 789-807. Para uma visão da doutrina europeia e portuguesa, v. SOUSA E SILVA, ob. cit., p. 92.

cimento específico e que, regra geral, não efetua aproximações diretas entre as marcas em conflito, e o de homem do ramo, perito dotado de competência técnicas aprofundadas." Também o *High Court of Justice*[167], num caso que relacionado com a indústria *fashion*, decidiu que o utilizador informado seria alguém com um conhecimento de *design* de malas – não uma senhora na rua, não um *designer* de malas – que saberia identificar as limitações e condicionalismos inerentes ao *design* de uma mala e que características normalmente inclui.[168]

Quanto ao conceito de "impressão global distinta", a mesma é determinada comparando os traços característicos desse DM com todo e qualquer DM até ao momento da divulgação. Trata-se de um exame objetivo que visa averiguar se os DM em causa provocam no utilizador informado "*a mesma impressão de conjunto*" e não se esse utilizador os poderá confundir.[169]

---

[167] Decisão de 24.04.2008.
[168] V. ainda o ac. do TGUE, proc. T-525/13 §26, onde, não obstante não se tecer diretamente considerações acerca do conceito "utilizador informado", se considerou que a "*utilizadora informada não era nem a compradora média de malas de mão nem uma conhecedora particularmente atenta, mas um perfil intermédio familiarizado com o produto (...)*".
[169] *In* SOUSA E SILVA, ob. cit., p. 103. Na decisão do TGI de Paris de 27.01.2011, colocou-se a questão de saber se se o modelo de sapatos fabricado pela Ash suscitava a mesma impressão global do que um modelo da Dior. Defendeu a primeira que o modelo da Dior era mais agressivo e inspirado nas gladiadoras, ao passo que o modelo da Ash era mais clássico e mais casual. O Tribunal entendeu que o salto, a

Seguindo MOORE, *"o termo 'global' enfatiza que há que considerar o desenho como um todo e não o dissecar nas suas componentes individuais"*.[170] Por outro lado, não se olvide que "a apreciação da impressão global suscitada *no utilizador informado (...) inclui a maneira como é utilizado o produto representado pelo referido desenho ou modelo*"[171], o que, no caso que ora nos ocupa, pode ser decisivo.

Também com especial relevância para a indústria da Moda, cumpre mencionar a decisão do TJUE[172] que decidiu que na apreciação deste requisito, o DM que se procura proteger deve ser comparado, não com uma combinação de elementos tirados de

---

plataforma, a abertura à frente, as peças geométricas, a peça central em forma de losângulo presente no segundo modelo suscitam a mesma impressão global. Já na decisão do TGI de Paris de 10.06.2011, considerou-se que a mala da Dior era composta por uma técnica específica que combina losângulo axadrezados em forma de cruz com os berloques representativos das letras da marca com uma tipografia particular, concluindo-se pelo carácter individual de tal modelo.

[170] *In* ob. cit., p. 804. V. PIDWELL, ob. cit., p. 115.

[171] V. o ac. do TGUE, proc. T-337/12 §46. No ac. do TGUE, proc. T-525/13 §39 foi tido em conta que um dos DM representa uma mala para levar na mão, ao passo que o desenho ou modelo anterior representa uma mala para levar ao ombro.

[172] Proc. C-345/13. Para uma análise mais detalhada deste caso, v. HING, Richard e CASSIDY, Leighton, "Karen Millen Fashion Ltd v. Dunnes Stores, Dunnes Stores (Limerick) LTD: clarifying the assessment of the individual character in EU designs", pp. 1446-1454, considerando que decisão é muito favorável particularmente à indústria da Moda, reforçando e facilitando a execução dos direitos conferidos pelo RDM.

vários desenhos ou modelos previamente divulgados ao público, mas com outros desenhos ou modelos anteriores individualizados e determinados.[173]

Por último, também nós consideramos que "*o preço dos produtos*" ou "*o facto de ostentarem marcas*"[174] são fatores irrelevantes para efeitos de averiguação da impressão global do DM, pelo que pode haver violação destes direitos industriais, mesmo que em causa estejam *designers* pertencentes a diferentes segmentos da pirâmide da Moda. Já no que respeita à diferente qualidade apresentada pelos produtos que incorporam o DM em causa, cite-se as palavras da decisão do já mencionado *High Court of Justice*:[175]

> «*It is correct that a difference in quality may give rise to a different impression if it is a difference discernible by comparing the design and the alleged infringement. But here the differences in quality are really only discernible when comparing the two bags. Comparing the drawing and the representations of the design and the defendants' bag does not give rise to a different impression of quality, in my judgment.*»

---

[173] Refira-se, porém, que, não obstante o TJUE ter decidido que a comparação é feita de forma individual, não se pronunciou sobre se *designs* adicionais podem influenciar a análise indiretamente. Sobre esta questão, v. DINWOODIE e outros, ob. cit., pp. 50-51.

[174] *In* SOUSA E SILVA, ob. cit., p. 106.

[175] §20.

Relativamente ao conceito de "grau de liberdade", há que mencionar que o mesmo se reveste de grande importância para a indústria da Moda, que, como vimos, se caracteriza por certos produtos terem um ciclo económico curto, por se basear em tendências e por haver um infindável número de criações no mercado[176]. Isto leva à conclusão inevitável que não raras vezes os estilistas *"dispõem de uma reduzida margem para a criação estética com elevado grau de inovação"*[177], *"pelo que diferenças «menores» poderão ser suficientes para considerar verificado este requisito".*[178]

Por outro lado, a apreciação do grau de liberdade do criador (concreta e aferida à data da criação)[179] não constitui uma etapa prévia à comparação da impressão global distinta suscitada por cada DM. Por outras palavras, a liberdade de criação não é *"um fator autónomo que permita determinar em que medida dois desenhos ou modelos devem diferir entre si para que um deles tenha carácter singular"*[180], não condicionando, de *per si*, este requisito, sendo antes e tão só um dos fatores a considerar na sua apreciação.

---

[176] Para CARVALHO, Maria *"existem produtos relativamente aos quais a liberdade de criação está mais restringida (quer pela necessidade de inclusão de determinados elementos, quer pelos ditames da moda)"*, *in* "Desenhos e Modelos. Carácter singular. Cumulação com Marca", p. 435.

[177] V. PIDWELL, ob. cit., p. 117 e RIBEIRO, ob. cit., p. 447.

[178] V. ac. do TGUE proc. T-11/08 §32, T-68/11 §112-113, T-83/11 e 84/11, §44-45.

[179] V. SOUSA E SILVA, ob. cit., p. 99.

[180] V. ac. do TGUE, proc. T-525/13 §33-35.

Tendo em conta todos estes elementos, quer a novidade, quer o carácter singular têm de ser apreciadas casuisticamente, havendo que considerar não só o que constitui tendência aquando da divulgação, como o universo de criações de moda já produzidas e divulgadas, apreciando todos os detalhes (por mais ínfimos que pareçam) das peças em confronto.

Também aqui não se vislumbra qualquer impedimento ao recurso a peritos no preenchimento destes conceitos.

3.4. A divulgação ao público

Por último, importa atender ao conceito de "divulgação ao público", já que o mesmo reveste maior importância na análise dos requisitos de proteção dos DMC. Com efeito, a apreciação destes depende da realidade pré-existente e, logo, do momento temporal em que o produto foi divulgado ao público. Daqui se retira que este conceito delimita a arte prévia a considerar na análise dos dois requisitos de proteção.[181]

É, portanto, necessário atender ao art. 7/1 do RDM, nos termos do qual o momento temporal a atender para efeitos de um DMC registado é a

---

[181] Nas palavras de PIDWELL, "a *divulgação perfilha-se como um limite objetivo à avaliação da novidade e do carácter singular de uma determinada criação do espírito humano*", in ob. cit., p. 118.

data do depósito do respetivo pedido de registo ou a data da prioridade reivindicada, ao passo que, no caso dos DMC não registados, atende-se à sua apresentação *"numa exposição e utiliza[ção] no comércio ou divulga[ção] de qualquer outro modo"*, desde que tais factos (i) possam ter razoavelmente chegado ao conhecimento dos meios especializados do sector em causa que operam na Comunidade pelas vias normais e (ii) no decurso da sua atividade corrente.

Dito isto, a primeira conclusão a retirar é a de que, por imperativo do art. 7/1 do RDM, o *estado de arte* a considerar na análise dos requisitos de proteção é limitado ao espaço europeu (e não global), pelo que *"um DM não tem que ser absolutamente novo para ser protegido, bastando que seja desconhecido nos meios especializados que operam na UE"*.[182]

Por outro lado, não se exige que o ato de divulgação tenha ocorrido no espaço europeu, bastando que *"possa ter razoavelmente chegado ao conhecimento dos meios especializados do setor"*.[183] Numa indústria

---

[182] *In* SOUSA E SILVA, ob. cit., p. 88.

[183] Ac. do TJUE, proc. C-479/12, §33-36 e ac. do TGUE, proc. T-22/13 e T-23/13 §27. Quanto ao conceito "meios especializados do setor", v. PIDWELL, *in* ob. cit., pp. 118-119, que, citando Uma Suthersanen, afirma que *"o setor especializado em análise, não pode ser definido em função do próprio desenho, mas tendo em consideração o conjunto do produto no qual o desenho se encontra incorporado ou em que está aplicado ou até em relação ao setor industrial onde o desenho é comercializado"*. Trata-se de uma expressão, que, enquadrada no âmbito de uma exceção, tem de ser interpretada restritivamente, cfr. §101 do ac. do TJUE, proc. C-361/15 e C-405/14.

transnacional como é a da Moda – em que muitas *Maison* estão presentes em diversos continentes – apontamos como consequência o facto de as criações de moda provenientes fora do espaço europeu (em especial dos EUA) poderem influenciar a apreciação dos requisitos das criações dos *designers* europeus.[184]

Nestes termos, consideramos que na indústria da Moda, a divulgação de um DMC pode ocorrer, nomeadamente, com a apresentação da peça em desfiles, em *showrooms*, em eventos *red carpet*, nos editoriais das mais prestigiadas revistas de moda (Vogue, Elle, Marie Claire), nos catálogos de roupa ou em campanhas publicitárias.[185]

Porém, é o próprio legislador europeu que prevê algumas situações em que a divulgação ao público não será tida em consideração, ou seja, não destrói a novidade e/ou o carácter singular do DMC em causa – são as chamadas "divulgações não oponíveis", elencados no art. 7/2 do RDM. Com especial interesse para a indústria da Moda, há que mencionar o chamado *"período de graça"* (art. 7/2/b) do RDM),

---

Refira-se ainda que os trabalhos preparatórios do RDM revelam que esta exceção resultou do *lobbying* da indústria têxtil preocupada com o fenómeno *knock-off*.

[184] Devido à natureza deste mercado, é natural que os estilistas e os meios especializados tenham conhecimento das criações com origem nos EUA.

[185] No ac. do STJ de 05.02.2015 entendeu-se que a divulgação ao público ocorre quando os DM são *"inseridos num catálogo da empresa titular, para efeitos de apresentação a potenciais clientes"*.

já que permite que sem custos ou formalidades, o estilista possa testar as suas criações no mercado e, em face, nomeadamente, do êxito comercial, se decida pelo registo do DM em causa.[186]

Mas o conceito de "divulgação ao público" é também fundamental para efeitos do art. 11 do RDM, já que o período de três anos de proteção dos DM não registados conta-se da data em que tal DM tiver sido pela primeira vez divulgado ao público na UE. Acontece que este conceito é densificado no n.º 2 do mesmo artigo, em termos (quase) semelhantes ao do art. 7/1 do RDM.

Porém, mediante uma leitura atenta dos preceitos em causa constata-se que no art. 11/2 do RDM é feita menção expressa à divulgação "ao público na Comunidade", o que não ocorre no art. 7/1 do mesmo diploma. Isto leva alguma doutrina e jurisprudência[187] a concluir que esta referência adicional é uma verdadeira limitação territorial à proteção do DMC não registados, pelo que a [primeira] divulgação tem de ocorrer dentro do território da UE, sob pena de

---

[186] Caso não proceda ao registo, o estilista poderá prevalecer-se da proteção do DMC não registado, pelo prazo de 3 anos. Porém, e como referem BULLING e outros, *"o período de graça e o desenho ou modelo comunitário não registado não são cumulativos"*, in ob. cit., p. 117.

[187] V. DINWOODIE e outros, ob. cit., pp. 25-27 e jurisprudência alemã aí citada (*"article 7's lack of analogous geographical limitation meant that any prior non-Community disclosures could be used as prior art against a later unregistered design claim"*) e JIMÉNEZ, ob. cit., p. 47.

não ser considerada uma divulgação para efeitos do já mencionado art. 11/1.[188]

Ora, tal entendimento pode levantar questões complexas no mercado *fashion*, sempre que um *designer* europeu queira lançar mão do regime do DMC não registado, mas pretender que essa criação seja *vista pela primeira vez* fora do território da UE (p.e., numa campanha publicitária nos EUA).

Até que o TJUE se pronuncie sobre esta questão, consideramos que, à cautela, os *designers* que queiram ver as suas criações protegidas devem preferir pela [primeira] *divulgação* no espaço da UE.

3.5. Os direitos conferidos

Finalmente, impõe-se uma palavra sobre os diversos direitos conferidos pelo DMC registado e não registado e de que podem lançar mão os estilistas, sendo certo que, em qualquer caso, há que atender às limitações constantes no art. 20 do RDM.

Começando pelos DM registados, e de acordo com o art. 19/1 do RDM, o titular de um DMC registado detém um direito exclusivo de o utilizar (e de fabricar, colocar no mercado, importar e exportar o produto em que esse desenho ou modelo

---

[188] Em sentido contrário parecem apontar BULLING e outros, *in* ob. cit., pp. 115-116.

esteja incorporado) e de proibir que um terceiro[189] o utilize sem o seu consentimento.

A este propósito, há que mencionar que este direito de exclusivo de exploração do DM em causa abrange todo o tipo de produtos e não apenas "*o produto indicado no pedido de registo*"[190], o que se pode revelar especialmente interessante para os *designers* de moda. Pense-se num desenho de uma peça de joalharia registado e que incorpora um certo DM. O titular desse DM pode opor-se à comercialização de, por exemplo, um porta-chaves que incorpore esse DM.

Por outro lado, e como realça OLAVO, "*a proteção abrange (...) o caso da imitação resultar de trabalho de criação independente*", não sendo preciso "*provar que a imitação é uma cópia*".[191]

Nesta sede, importa mencionar o caso que opôs a Louis Vuitton à artista plástica Plesner[192] e que pode auxiliar na delimitação dos direitos conferidos por um DMC registado. Colocou-se a questão de saber se os direitos conferidos pelo DMC registado (o padrão gráfico multicolorido utilizado

---

[189] Em relação ao conceito de terceiro, v. o ac. do TJUE, proc. C-488/10, §52-58.

[190] Cfr. §93-96 do ac. do TJUE, proc. C-361/15 e 405/15.

[191] *In* ob. cit., p. 438. SOUSA E SILVA acrescenta que os DMC registados estão protegidos "*não só contra a cópia sistemática, mas também contra a conceção independente de um desenho ou modelo semelhante por um segundo criador*", in "A «proteção prévia» dos Desenhos ou Modelos no novo Código da Propriedade Industrial", p. 353.

[192] Decisão do Tribunal de Haia de 27.01.2011.

na mala *Audra*) protegem o seu titular contra eventuais prejuízos causados à sua reputação pela incorporação dessa mala (e respetivo padrão) num quadro que retratava uma sátira social (o *Darfurnica*) e que foi exibido em público. Porém, o Tribunal não chegou a decidir esta questão, pois entendeu que o direito à liberdade de expressão de Plesner – porque exercido de forma funcional e proporcional – permitia a utilização do *design* da Louis Vuitton para fins de crítica social e justificava a restrição ao seu direito de propriedade (industrial).[193]

De qualquer modo, consideramos que uma resposta negativa se impõe à questão colocada. Como vimos, o regime industrial que ora nos ocupa visa a proteção da aparência estética do DM, pelo que considerações acerca da reputação do criador, da *Maison* ou mesmo do *design* estão excluídas do núcleo da proteção conferida.

Já no caso dos DMC não registados, e nos termos do art. 19/2 do RDM, a proteção conferida é mais ténue e o titular do direito só pode proibir o uso do seu DM por parte de um terceiro, quando tal uso

---

[193] O Tribunal poderia ter chegado a uma conclusão diferente se a Louis Vuitton tivesse alegado uma violação do direito de marca ou até do direito de autor. Neste sentido, v. MCCUTCHON, Jani, "Designs, Parody and Artistic Expression – A Comparative Perspective of Plesner *vs* Louis Vuitton", pp. 195-197. V. ainda DINWOODIE e outros, ob. cit., pp. 124-125, afirmando que *"the Regulation* [art. 19/1], *however, says nothing about whether the design must be used in the same manner, and its limitations contain no specific exceptions for expressive commercial uses"*.

resultar de uma cópia intencional não autorizada. Fala-se, a este propósito, numa similitude face ao sistema de DA.[194]

Quer isto dizer que o titular de um DMC não se pode opor ao uso de outro DM que resulte de um "trabalho de criação independente" realizado por outro criador e do qual se possa razoavelmente pensar que não conhecia o DM por si divulgado ou que não configure uma verdadeira cópia do seu DM.[195]

Em suma, e na prática, através do regime dos DMC, registados e não registados, consegue-se proteger as criações *"contra cópias de desenho ou modelo idênticas ou virtualmente idênticas, ou seja, o tipo de cópias produzidas pelos artistas knockoff. Mas os desenhos ou modelos podem não proibir as obras derivadas de um retalhista de qualidade inferior que procure referenciar uma nova tendência em voga."* [196]

Chegamos, então, à mesma conclusão anteriormente exposta a propósito do regime do DA: admissibilidade de cópia-inspiração e inadmissibilidade da cópia-contrafação.[197]

---

[194] V. ROCHA, "Pirataria (...)", p. 216 e JIMÉNEZ, ob. cit., p. 71.

[195] A este propósito, v. a mencionada decisão do TGI de Paris de 10.06.2011, na qual se entendeu que o modelo comunitário não registado da autora reunia os requisitos de proteção exigidos, mas que o modelo da ré, como não reproduzia os elementos característicos que conferiam o carácter individual à mala da Autora (nomeadamente a técnica *cannage*), não podia ser considerado como criação ilícita.

[196] *In* MONSEAU, ob. cit., p. 60.

[197] Conclusão que se impõe também por razões de coerência de sistema.

Por último, e ainda a propósito dos direitos conferidos e dos limites constantes do art. 20 do RDM, apenas queremos deixar uma nota relacionada com um dos principais problemas que já se faz sentir na indústria da Moda e que se relaciona com o uso das impressoras 3D. Se é certo que são os próprios estilistas e *Maisons* que utilizam estas impressoras para a produção de protótipos e modelos, igualmente certo é que os consumidores cada vez mais se intitulam de um "direito a usar" tais impressoras, alegando que tal atuação integra um "ato do domínio privado e sem finalidade comercial" e que configura uma limitação ao exercício dos direitos conferidos pelo DMC (art. 20/1/a) do RDM).

Porém, e como facilmente se imagina, se esta atuação se transformar num fenómeno de massas, tal poderá afetar drasticamente o direito de exclusivo do criador da peça reproduzida...[198]

---

[198] V. "Legal Review (...)", pp. 128-134, onde são tecidas algumas recomendações a nível legislativo para mitigar eventuais consequências negativas que advenham desta situação.

CONCLUSÃO

É, pois, tempo de concluir.

Concluir que a Moda é uma indústria artística e criativa tão relevante como a Pintura, a Arquitetura, o Cinema ou a Música, cuja atividade e organização envolve especificidades, e com fenómenos próprios, de contornos vagos, que urge identificar, delimitar e prever.

E concluir, quer que o estilista tem a importante tarefa de prever estilos e tendências com vários meses de antecedência, quer que a complexidade do processo criativo resulta a impossibilidade da sua subestimação e a consequente necessidade de garantir o aproveitamento do resultado do trabalho e do investimento realizado por cada *designer*.

Com este propósito, centrámos A NOSSA análise no regime jurídico do direito de autor e do desenho ou modelo e a suscetibilidade de as criações de moda – tendo em conta especialmente a sua vertente estética e ao longo das várias fases do processo criativo – serem tuteladas legalmente com recurso a estes dois institutos.

Constatámos que, dado o elenco meramente exemplificativo do CDADC, o DA pode ter como objeto as criações de moda e que se dúvida houvesse na qualificação destas como "obras", a mesma é dissipada atendendo ao facto de a Moda envolver uma constante inovação, de as coleções serem fruto de um elevado investimento e de conterem um alto teor artístico, tendo-se sublinhado que o CDADC protege criações suscetíveis de exploração industrial ou comercial.

Mas igualmente constatámos que a principal dificuldade se prende com a densificação e o preenchimento do requisito "originalidade" no caso concreto – aqui proliferando querelas doutrinárias, o que acarreta incerteza e risco jurídico – e ainda com a constatação da violação dos direitos autorais por uma outra criação de um outro estilista. Com efeito, a averiguação de uma eventual violação dos direitos conferidos ao *designer* pela criação de determinada peça, pressupõe logicamente que antes se conclua que a mesma é digna de proteção, reunindo os requisitos legais.

Nesta dupla tarefa, afigura-se essencial que o estilista comece por delimitar o objeto de proteção autoral reivindicado e, posteriormente, identifique os elementos da outra criação que, no seu entender, configuram uma lesão do seu direito.

Tendo em conta que a Moda assenta em tendências e influências recíprocas entre estilistas, sugere-se que o *designer* demonstre que a sua criação, no limite, configura uma cópia-inspiração, fruto de adaptações próprias e interpretações dos diversos elementos comuns às tendências, dotada de uma fisionomia particular e de uma impressão própria e distinta.

Em resumo, e de modo a evitar a cópia-contrafação, espera-se que o *designer* apreenda, adote e adapte as tendências.

Por sua vez, o réu/requerido, numa defesa que pode ser escalonada, poderá alegar que as características/criações reivindicadas pelo autor/requerente como sendo originais afinal (i) não passam de uma conceção ou género insuscetíveis de apropriação, (ii) não são originais, (iii) pertencem ao denominado "fundo comum da moda" – ao domínio público – e como tal, nos termos do CDADC, não podem ser protegidas, podendo ainda (iv) pugnar que a sua criação, alegadamente violadora dos direitos do autor/requerente, não reproduz as ditas características originais.

Por outro lado, e no que respeita ao regime do DM comunitário, parece pacífico o entendimento de que tanto o DM registado como o DM não registado têm pleno cabimento na indústria da Moda, o que é comprovado com o cada vez maior o número de casos que envolvem o apelo a este regime jurídico.

As maiores dificuldades prendem-se, novamente, com o preenchimento dos requisitos "novidade" e "carácter singular", havendo que considerar, em especial, os ensinamentos da jurisprudência europeia na delimitação dos mesmos. Em jeito de antecipação, consideramos ainda que muita tinta correrá a propósito das impressoras 3D, de uma utilização (abusiva) das mesmas e do impacto negativo que tal terá nos direitos do criador.

Cumpre-nos também concluir que nada impede a tutela conjugada destes dois regimes, podendo o autor/requerente, de acordo com o princípio do dispositivo, configurar (subsidiária ou cumulativamente) a conduta do réu/requerido como violação dos seus direitos de autor, dos seus direitos de desenho ou modelo ou de ambos, tendo para isso de alegar os respetivos factos constitutivos.

A priori, não se afigura possível saber qual o regime mais indicado para todos os casos, já que o mesmo depende, entre outros fatores, do objeto da proteção pretendido, do âmbito territorial para o qual se visa a proteção, da duração da proteção e dos custos associados.

Certo é que o interesse na proteção pelo DA radica na amplitude dos direitos de exclusivo conferidos, na extensão do período de duração e no facto de a tutela não estar dependente de divulgação ao público. Por sua vez, a proteção industrial via RDM permite, com recurso às figuras do DMC não registado e registado e a sua possibilidade de cumulação, cobrir necessidades diferentes, testar o sucesso económico do produto sem necessidade de proceder ao registo e abranger todo o território da UE.

Finalmente, e no que concerne à proteção dos estádios intermédios das criações de moda, mormente a proteção dos rascunhos e esboços ao abrigo do DA, não só não desvendámos nenhum obstáculo legal à sua proteção, como nos parece que, nomeadamente dadas as semelhanças entre Moda e Arquitetura, seria ilógico, irrazoável e infundado negar-se tal proteção. Importante é aferir que grau de desenvolvimento necessita um esboço ou rascunho para constituir uma obra original.

Ponderações feitas, e da análise sistemática dos dois regimes, entendemos não ser necessária a criação de um regime jurídico próprio apto à proteção das criações de moda. Cremos antes que na aplicação dos institutos abordados, "basta" considerar as especificidades e fragilidades da indústria da Moda na concretização/preenchimento dos requisitos de proteção.

Em suma, a propriedade intelectual e a propriedade industrial desempenham um papel fundamental na proteção das criações de moda e no incentivo a conferir aos estilistas para que, num mercado altamente competitivo que exige uma dinâmica de constante inovação, lancem novas peças e novos produtos.

Revela-se, assim, fulcral que os *designers* conheçam efetivamente os seus direitos e deveres para que, pesado o impacto económico-financeiro e os interesses comerciais que uma eventual reação contra os *knock off artists* acarreta, estejam em condição de decidir se pretendem fazer valer o(s) direito(s) de exclusivo(s) sobre a(s) sua(s) criação(ões).

É então tempo de apelar à comunidade jurídica que contribua para a consciencialização da sociedade – e dos *designers* em especial – do conteúdo, das limitações e da forma de efetivar estes direitos.

BIBLIOGRAFIA

ABREU, Lígia Carvalho, "Reconhecimento e Lei Aplicável à Proteção das Criações de Moda Pelo Direito de Autor", *Revista da Faculdade de Direito e Ciência Política da Universidade Lusófona do Porto*, [S.l.], v. 8, n. 8, dec. 2016, disponível em http://revistas.ulusofona.pt/index.php/rfdulp/article/view/5723

ANDREWS, Katelyn, "The most fascinating kind of Art: Fashion Design protecting as a moral right", *NYU JIPEL*, Vol. 2 – No. 1, 2012

ASCENSÃO, José de Oliveira, *Direito Civil, Direito de Autor e Direitos Conexos*, Coimbra Editora, 1992 e Reimpressão de 2008

BARREIRA, Rebeca, *O Direito Autoral e a Proteção das Criações de Moda: um estudo do caso Village 284 vs. Hermès*, disponível em http://bdm.unb.br/handle/10483/8999

BIETTI, Eletrra, "Defining Art for Copyright: Against Museum without Walls", 16, UCL JR, 131, 2010

BULLING, Alexander, LANGÖHRING, Angelika, HELLWING, Tillmann, "The Community Design: A New Right of Design Protection for the European Community", *J. Pat.& Trademark Off. Soc'y*, 86, nº2, 2004

CARDOSO, Giselle, *Direito da Moda sob a Perspetiva da Propriedade Industrial: análise do produto "inspired" perante o direito*, disponível em https://repositorio.ufsc.br/xmlui/handle/123456789/157114

CARVALHO, Maria Miguel, "Desenhos e Modelos. Carácter singular. Cumulação com Marca", *Curso de Direito Industrial*, vol. VII, Almedina, 2010

CHAVES, António, "As obras de arte aplicada no direito brasileiro", disponível em http://www.revistas.usp.br/rfdusp/article/viewFile/66942/69552

CORREIA, Luís Brito, *Direito da Comunicação Social*, Almedina, 2005

DAHLÉN, Marianne, "Copy or copyright fashion? Swedish design protection law in historical and comparative perspective", *Business History*, Vol. 54, nº1, February 2012

DERCLAYE, Estelle, "The British Unregistered Design right: will it survive new community counterpart to influence future european case law", *CJEL*, Vol. 10, 2004

DINWOODIE, Graeme B.; MONT, Jason, D. Du.; JANI, Mark, *Trade Dress & Design Law – 2014-15 Supplement*, disponível em http://www.designlawbook.org/warehouse/supplements/2014-15/Ch%208%20of%202014-15%20Supplement%20to%20Trade%20Dress%20%26%20Design%20Law%20%28Aspen%202010%29.pdf.

DRUMMOND, Victor, *A tutela jurídica das expressões culturais e tradicionais*, Almedina, 2017

DUVAC, Constantin, *Protectia juridico-penala a desenelor si modelelor*, Editura Universul Juridic, 2009

ERHARD, Meaghan McGurrin, "Protection the Season Arts: Fashion Design, Copyright Law and the Viability of the Innovative Design Protection & Piracy Prevention Act", *Conn.LR*, vol. 45, nº1, november 2012

EUROPEIA, Comissão, "Legal review on industrial design protection in Europe", MARKT2014/083/D, disponível em http://ec.europa.eu/growth/content/legal-review-industrial-design-protection-europe-0_pt

FERRILL, Elizabeth, TANHEHCO, Tine, "Protecting the Material World: The Role of Design Patents in The Fashion Industry", 12, *N.C. J.L.& Tech.*, 251, 2010-2011

FOLIOT, Anna, "Le droit d'auteur, une solution alternative au droit des dessins et modèles", disponível em http://www.linkipit.com/

bitstream/1822/29673/1/Bruno%20Miguel%20da%20Silva%20Leite.pdf

MAIA, José Mota, *Propriedade Industrial*, Vol. II, Almedina, 2005

MANFRENDI, Alexandra, "Haute Copyright: Tailoring Protection to High Profile Fashion Designs", 21, *Cardoso Int'L & Comp. L*, 2012

MARQUES, João Remédio, *Biotecnologia(s) e Propriedade Intelectual – Direito de Autor, Direito de Patente e Modelo de Utilidade Desenhos ou Modelos*, Vol. I, Coleção Teses, Almedina, Coimbra, 2007

MASSA, Charles-Henry e STROWEL, Alain, "Community Design: Cinderella revamped", *EIPR*, 2003

McCALL, Tyler, "Copyright, Trademark, Patent: Your Go-To Primer for Fashion Intellectual Property Law", disponível em https://fashionista.com/2016/12/fashion-law-patent-copyright-trademark

MCCUTCHON, Jani, "Designs, Parody and Artistic Expression – A Comparative Perspective of Plesner vs Louis Vuitton", *MULR*, vol. 41, nº1, 2015

MELLO, Alberto de Sá, *Contrato de Direito de Autor*, Almedina, 2008

MERUJE, Maria Manuel, *O objeto do direito de autor*, 2010 (tese de mestrado FDL)

MONSEAU, Susanna, "European Design Rights: A Model for the Protection of All Designers from Piracy", *ABLJ*, vol. 48 (1), Spring 2011

MOORE, Kathryn, "Anatomy of a Design Regime", *IJGLS*, vol. 22 #2, 2015

MYERS, Erika, "Justice in Fashion: Cheap Chic and the Intellectual Property Equilibrium in the United Kingdom and the United States", 37, *AIPLA Q.J.*, 47, 2009

OLAVO, Carlos, "A proteção do '*trade dress*'", *Curso de Direito Industrial*, vol. V, Almedina, 2008

OTERO LASTRES, José, "El Grado de Creatividad y de Originalidad Requerido Al Diseño Artístico", *Curso de Direito Industrial*, vol. V, 2008, Almedina

_____, "El Diseño Industrial Según La Ley de 7 de Julio de 2003", *Tratado de Derecho Mercantil*, Tomo XIX, vol. 2º, Madrid, Marcial Pons, 2003

dossier-mode-et-pi-le-droit-dauteur-une-solution-alternative-au-droit-des-dessins-et-modeles/

GARNIER, Emmanuelle, "La protection juridique des créations du «design»", (2004) 16 *CPI*, disponivel em http://www.lescpi.ca/s/1580

GILES, Ann Shayna, "Trade Dress: An Unsuitable Fit for Product Design in the Fashion Industry", 98, *J. Pat.& Trademark Off. Soc'y*, 223, 2016

GONÇALVES, Luís Couto, *Manual de Direito Industrial*, 7ª ed. Almedina, 2017

GREFFE, François, "Protection of the original design", disponível em http://www.cabinet-greffe.com/en/protection-original-design

HEMPHILL, Scott, SUK, Jeannie, "The Law, Culture and Economics of Fashion", 61, *Stanf. L. Rev.*, 2008-2009

HING, Richard; CASSIDY, Leighton, "Karen Millen Fashion Ltd v. Dunnes Stores, Dunnes Stores (Limerick) LTD: clarifying the assessment of the individual character in EU designs", *TMR*, 105, 2015

HOYO, Paloma Del, "Ensayos y Bocetos de Obras Plásticas", *Ideas, Bocetos, Proyetos y Derecho de Autor*, Editorial Reus, Madrid 2011

JABUR, Wilson Pinheiro, SANTOS, Manoel Pereira, "Interface entre Propriedade Industrial e Direito de Autor", *Propriedade Intelectual e Direito Autoral*, Editora Saraiva, 2014

JIMÉNEZ, Alberto, *El Diseño Comunitario: una Aproximación al Régimen Legal de los Dibujos y Modelos en Europa*, 2ª edição, Editorial Aranzadi, 2005

KHAGI, Irina, "Who's Afraid of Forever 21: Combating Copycatting Through Extralegal Enforcement of Moral Rights in Fashion Designs", *Fordham IPLJ*, vol. 27 (1), article 2, 2016

LAMPASONA, Jacqueline, "Discrimination Against Fashion Design in Copyright", *JIBL*, Vol. 14, Issue 2, Article 6

LEITÃO, Luís Menezes, *Direito de Autor*, Almedina, 2011

LEITE, Bruno, *A proteção dos desenhos ou modelos pela propriedade industrial e pelo direito de autor* (tese de mestrado), disponível em https://repositorium.sdum.uminho.pt/

PANIDOU, Sofia, *The Protection of Fashion Design Under Intellectual Property Law*, disponível em https://repository.ihu.edu.gr/xmlui/bitstream/handle/11544/12433/s.panidou_ale_10-02-2016.pdf.pdf?sequence=1

PIDWELL, Pedro, "Os requisitos substantivos da proteção dos desenhos e modelos", *RDInt.*, nº 1, Almedina, 2015

PULS, Lourdes, À MÃO LIVRE – *ensinando o desenho de moda sob um enfoque construtivista*, cap. IV, disponível em http://www2.dbd.puc-rio.br/pergamum/biblioteca/php/mostrateses.php?open=1&arqtese=0721269_2011_Indice.html

RAUSTIALA, Kal, SPRIGMAN, Christopher, "The Piracy Paradox: Innovation and Intellectual Property in Fashion Design", 92, *Va. L. Rev.*, 2006

REBELLO, Luiz Francisco, *Código do Direito de Autor e Dos Direitos Conexos Anotado*, Âncora Editora, 2ª edição, 1998

RIBEIRO, Bárbara Quintela, "A tutela jurídica da moda pelo regime dos desenhos ou modelos", *Curso de Direito Industrial*, vol. V, Almedina, 2008

ROCHA, Maria Victória, "A originalidade como requisito de proteção da obra de direito de autor", disponível em http://www.verbojuridico.net/doutrina/autor/originalidade.html

ROCHA, Maria Victória, "Direito de Integridade e Genuidade das Obras de Arquitetura", 2016, disponível em www.cije.up.pt/download-file/1466

_____, "Modificações na obra de arquitetura: regime do artigo 60º do Código do Direito de Autor e do Direitos Conexos – Ac. do TRC de 25.03.2003, Rec. 4240/02", *CDP*, nº6, junho 2004, CEJUR

_____, "Pirataria na Lei da Moda: um Paradoxo?", *Estudos de Direito do Consumidor*, nº12, Centro de Direito do Consumo, 2017

_____, "Obras de Arquitetura como Obras Protegidas pelo Direito de Autor", *Contratos de Direito de Autor e de Direito Industrial*, 2011, Almedina

RODRÍGUEZ-CANO, Rodrigo, *Comentarios a La Ley de Propriedad Intelectual*, Editoria Tecnos, Madrid, 1989

SAEZ, Victor, "European Community Design System", 10 U, *Balt. IPLJ*, 93, 2001-2002

SAIZ GARCÍA, Concepción, "Protección de las ideas por el derecho de autor?" *Ideas, Bocetos, Proyectos y Derecho de Autor*, Editorial Reus, Madrid, 2011

SHIRWAIKA, Pranjal, "Fashion Copying and Design of the Law", *JIPR*, vol. 14, março 2009

SILVA, Nuno Sousa, SILVA, Paula, "Crónicas de Jurisprudência – Direito de Autor", disponível em https://www.plmj.com/xms/files/2017_PDF/Martinho_da_Silva_Direito_de_Autor.pdf

SILVA, Nuno Sousa, RENDAS, Tito, *Direito de Autor nos Tribunais*, Universidade Católica Editora, 2015

SOUSA E SILVA, Pedro, *A Proteção Jurídica do Design*, Almedina, 2017

_____, "A «proteção prévia» dos Desenhos ou Modelos no novo Código da Propriedade Industrial", *Curso de Direito Industrial*, vol, IV, Almedina, 2005

SPEVACEK, Aleksandra, "Couture Copyright: Copyright Protection Fitting for Fashion Design", 9, *J. Marshall RIPL*, I, 2009-2010

STEWART, Mary Lynn, "Copying and Copyrighting Haute Couture: Democratizing Fashion 1900-1930s", *French Historical Studies*, v. 28, nº1

STOOP, Rutger, STÖPETIE, Kurt, "Chapter 6: Industrial Design Rights: Europa", *Industrial Design Rights: An international Perspective*, 2nd edition, Kluwer Law International, 2016

TRABUCO, Cláudia, *O Direito de Reprodução de Obras Literárias e Artísticas no Ambiente Digital*, Coimbra Editora, 2006

_____, "Repetir nunca é Repetir: Reflexões sobre a reprodução e o plágio de obras de arquitetura", disponível em http://www.fd.unl.pt/docentes_docs/ma/ct_ma_11165.pdf

TSE, Tifanny, "Coco Way Before Chanel: Protecting Independent Fashion Designers' Intellectual Property against Fast-Fashion Retailers", 24, *Cath. UJL & Tech*, 401, 2015-2016

VALABRÈGUE, Hermine, *La Proprieté Artistique en Matière de Modes*, Librairie Générale de Droit & de Jurisprudence, 1935.

LISTA DE JURISPRUDÊNCIA

Nacional

Acórdão do STJ de 05.02.2015, processo 1952/08.8TBFIG.C1.S1, Relator Abrantes Geraldes
Acórdão do STJ de 05.07.2012, processo 855/07.8TVPRT.P1.S1, Relator Gabriel Catarino
Acórdão do TRL de 21.02.2017, processo 268/13.2YHLSB.L1-7, Relator Luís Espírito Santo
Acórdão do TRL de 16.12.2008, processo 8864/2008-5, Relator Margarida Blasco
Acórdão do TRG de 15.09.2012, processo 1790/07-2, Relator Anselmo Lopes
Acórdão do TRG de 27.02.2012, processo 1607/10.3TBBRG.G1, Relator Manso Raínho
Europeia
Acórdão do Tribunal Geral da União Europeia, processo T-525/13
Acórdão do Tribunal Geral da União Europeia, processos T-22/13 e T-23/13
Acórdão do Tribunal Geral da União Europeia, processo proc. T-15/13
Acórdão do Tribunal Geral da União Europeia, processo T-337/12
Acórdão do Tribunal Geral da União Europeia, processo T-666/11
Acórdão do Tribunal Geral da União Europeia, processo T-68/11

Acórdão do Tribunal Geral da União Europeia, processos T-83/11 e T-84/11
Acórdão do Tribunal Geral da União Europeia, processo T-11/08
Acórdão do Tribunal de Justiça da União Europeia, processos C-361/15 e C-405/15
Acórdão do Tribunal de Justiça da União Europeia, processo C-345/13
Acórdão do Tribunal de Justiça da União Europeia, processo C-479/12
Acórdão do Tribunal de Justiça da União Europeia, processo C-488/10
Acórdão do Tribunal de Justiça da União Europeia, processo C-281/10
Decisão do Tribunal de Haia, Civil Law Section, processo KG RK 10-214, 27 de janeiro de 2011, disponível em <http://www.rechtundgerechtigkeit.de/2-4-gesellschaftsanktionen/berichte/vuittondarfurnica/belege/Court_Order_Louis_Vuitton_vs_Plesner.pdf

Estrangeira

Sentença da 24ª Vara Cível da Comarca da Capital de São Paulo de 20.05.2011 – SP, processo n° 10/187707-5, Juiz João Omar Marçura, disponível em https://www.jusbrasil.com.br/jurisprudencia/
Acórdão do Tribunal de Justiça do Estado do Rio de Janeiro, 18ª câmara cível, apelação cível nº 3244/2008, de 2008, Relatora Célia Maria Vidal Meliga Pessoa, disponível em https://www.jusbrasil.com.br/jurisprudencia/
Decisão do TGI de Paris de 12.11.2009, 3ème Ch. 4ème Sect, disponível em http://www.cabinet-greffe.com/en/protection-original-design.
Decisão do TGI de Paris de 27.01.2011, 3e chambre, processo n° 2009/15874, disponível em https://www.legifrance.gouv.fr/ [Christian Dior Couture vs. Ash Distribution]

LISTA DE JURISPRUDÊNCIA

Decisão do TGI de Paris de 10.06.2011, 3e chambre, processo nº 2008/17024, disponível em https://www.legifrance.gouv.fr/ [Christian Dior Couture vs. Versace France]

Decisão da CA de Paris de 17.10.2012, pôle 5, processo nº 2011/09133, disponível em https://www.legifrance.gouv.fr/ [Vanessa Bruno vs. Zara France]

Decisão do TGI de Paris de 25.03.2016, pôle civ, 1ère ch. Disponível em https://www.mapreuve.com/blog/jurisprudence_condamnation_mango_contrefacon-bottines-isabel-marant_droit_auteur/ [Isabel Marant vs. Mango]

Decisão da CA de Versalhes, de 28.09.2006, 12ème chambre, section 2, processo nº 05/09663, disponivel em https://www.legifrance.gouv.fr/ [Christian Dior Couture vs. La Redoute]

Decisão do High Court of Justice – Chancery Division – de 24.04.2008, processo nº EWHC 346 (Ch), disponível em https://www.obi.gr/obi/Portals/0/ImagesAndFiles/VIVIMAKRI_FOLDER/Design_CD/nomologia/agglia/2_UK-Handbags.pdf [Jimmy Choo vs. Towerstone]